Christoph Wildensee

Entwicklung eines Leitfadens zur systematischen Anbindu
an SIRON/E unter MVS anhand ausgesuchter Dateien

I0003069

Christoph Wildensee

Entwicklung eines Leitfadens zur systematischen Anbindung von SAP-R/2 / ADABAS an SIRON/E unter MVS anhand ausgesuchter Dateien

Diplom.de

Bibliografische Information der Deutschen Nationalbibliothek:

Bibliografische Information der Deutschen Nationalbibliothek: Die Deutsche Bibliothek verzeichnet diese Publikation in der Deutschen Nationalbibliografie; detaillierte bibliografische Daten sind im Internet über http://dnb.d-nb.de/ abrufbar.

Copyright © 1997 Diplomica Verlag GmbH
Druck und Bindung: Books on Demand GmbH, Norderstedt Germany
ISBN: 978-3-8386-0248-6

http://www.diplom.de/e-book/216193/entwicklung-eines-leitfadens-zur-systemati-schen-anbindung-von-sap-r-2

Christoph Wildensee

Entwicklung eines Leitfadens zur systematischen Anbindung von SAP-R/2 / ADABAS an SIRON/E unter MVS anhand ausgesuchter Dateien

Diplomarbeit
an der AKAD Rendsburg, Hochschule für Berufstätige
April 1997 Abgabe

Diplomarbeiten Agentur
Dipl. Kfm. Dipl. Hdl. Björn Bedey
Dipl. Wi.-Ing. Martin Haschke
und Guido Meyer GbR

Hermannstal 119 k
22119 Hamburg

agentur@diplom.de
www.diplom.de

ID 248

Wildensee, Christoph: Entwicklung eines Leitfadens zur systematischen Anbindung von SAP-R/2 / ADABAS an SIRON/E unter MVS anhand ausgesuchter Dateien / Christoph Wildensee - Hamburg: Diplomarbeiten Agentur, 1997
Zugl.: Rendsburg, AKAD - Hochschule für Berufstätige, Diplom, 1997

Dipl. Kfm. Dipl. Hdl. Björn Bedey, Dipl. Wi.-Ing. Martin Haschke & Guido Meyer GbR
Diplomarbeiten Agentur, http://www.diplom.de, Hamburg
Printed in Germany

Diplomarbeiten Agentur

Wissensquellen gewinnbringend nutzen

Qualität, Praxisrelevanz und Aktualität zeichnen unsere Studien aus. Wir bieten Ihnen im Auftrag unserer Autorinnen und Autoren Wirtschaftsstudien und wissenschaftliche Abschlussarbeiten – Dissertationen, Diplomarbeiten, Magisterarbeiten, Staatsexamensarbeiten und Studienarbeiten zum Kauf. Sie wurden an deutschen Universitäten, Fachhochschulen, Akademien oder vergleichbaren Institutionen der Europäischen Union geschrieben. Der Notendurchschnitt liegt bei 1,5.

Wettbewerbsvorteile verschaffen – Vergleichen Sie den Preis unserer Studien mit den Honoraren externer Berater. Um dieses Wissen selbst zusammenzutragen, müssten Sie viel Zeit und Geld aufbringen.

http://www.diplom.de bietet Ihnen unser vollständiges Lieferprogramm mit mehreren tausend Studien im Internet. Neben dem Online-Katalog und der Online-Suchmaschine für Ihre Recherche steht Ihnen auch eine Online-Bestellfunktion zur Verfügung. Inhaltliche Zusammenfassungen und Inhaltsverzeichnisse zu jeder Studie sind im Internet einsehbar.

Individueller Service – Gerne senden wir Ihnen auch unseren Papierkatalog zu. Bitte fordern Sie Ihr individuelles Exemplar bei uns an. Für Fragen, Anregungen und individuelle Anfragen stehen wir Ihnen gerne zur Verfügung. Wir freuen uns auf eine gute Zusammenarbeit

Ihr Team der *Diplomarbeiten* Agentur

Dipl. Kfm. Dipl. Hdl. Björn Bedey –
Dipl. Wi.-Ing. Martin Haschke ――
und Guido Meyer GbR ―――――

Hermannstal 119 k ―――――
22119 Hamburg ―――――

Fon: 040 / 655 99 20 ―――――
Fax: 040 / 655 99 222 ――――

agentur@diplom.de ―――――
www.diplom.de ―――――

Inhaltsverzeichnis

Abbildungsverzeichnis

Tabellenverzeichnis

Abkürzungsverzeichnis

4GL	Fourth Generation Language, Sprache der vierten Generation
a.a.O.	am angegebenen Ort
ABAP/4	Advanced Business Application Programming/4GL
Abb.	Abbildung
Abs.	Absatz
Abt.	Abteilung
ADABAS	Adaptierbares Datenbank-System
ADP	Automatic Data Processing, Fa. ADP Employer Services GmbH, Bremen
AG	Aktiengesellschaft
AT	Adreßtafel
Bd.	Band
BK	Buchungskreis(e)
BTM	Business Travel Management
bzw.	beziehungsweise
CDI	Computer Data Institut (Hrsg.), München
CDROM	Compact Disc Read Only Memory
CICS	Customer Information Control System
CPU	Central Processing Unit
C/S	Client/Server
DB2	Data Base 2
DB	Datenbank
DBMS	Datenbankverwaltungssystem (data base management system)
DD	Dataset-Definition
d.h.	das heißt
div.	diverse
DM	Deutsche Mark
DS	Datensatz/-sätze
DSS	Decision Support System
DV	Datenverarbeitung
ebd.	ebenda
EIS	Executive Information System
EOF	End of File
ESA	Enterprise Systems Architecture
ESDS	entry sequenced dataset
ESS	Executive Support System
etc.	et cetera
evtl.	eventuell
f.	folgende
Fa.	Firma
ff.	die folgenden
FIS	Führungsinformationssystem
GB	Geschäftsbereich(e)
GB	Gigabyte
GENAT	Generieren von Adreßtafeln

ggf.	gegebenenfalls
GmbH	Gesellschaft mit beschränkter Haftung
GUI	Grafical User Interface
HA	Hauptabteilung
HR	Human Resource
Hrsg.	Herausgeber
IBM	International Business Machines
i.d.R.	in der Regel
IKS	Internes Kontrollsystem
insg.	insgesamt
IR	Abteilung Interne Revision
IRD	Integriertes Rechnungswesen im Dialog
IS	Informationssystem(e)
ISAM	index-sequencial access methode
IV	Informationsverarbeitung
JCL	Job Control Language
JES	Job Entry Subsystem
km	Kilometer
KSDS	key sequenced dataset
kum.	kumulierend(es)
LG	Lagerort(e)
lt.	laut
LWL	Lichtwellenleiter
Mat.	Material
max.	maximal
MB	Megabyte
Mio.	Million(en)
MIS	Management Information System
Mrd.	Milliarde(n)
MS	Microsoft
MVS	Multiple Virtual Storage
Nr.	Nummer
o.a.	oben aufgeführt
o.ä.	oder ähnliches
ODBC	open database connectivity
OLAP	online-analytical processing
OS	Operating System
PAISY	Personalabrechnungs- und -informationssystem, Fa. ADP Employer Services GmbH, Bremen
PC	Personal Computer
Pos.	Position
R/2 R/3	Realtime-System 2/3
RACF	Resource Access Control Facility
RDBMS	relationales Datenbankmanagementsystem
rel.	relativ
RRDS	relative record dataset
RZ	Rechenzentrum

SAP-DD	SAP-Data-Dictionary
SDAM	Segmented Document Access Method
sec.	Sekunde
Segm.	Segment/Segment-Identifikation
SIRON	Schnelles Informations-Retrieval-System online
SISAVA	Standardisiertes Informationssystem für Ausschreibung, Vergabe und Abrechnung von Bauleistungen, Fa. GEF Software GmbH, Leimen
SMAM	Segmented Master Access Method
SNI	Siemens Nixdorf AG
sog.	sogenannte
SQL	Struktured Query Language
SWH	Stadtwerke Hannover AG
TB	Terabyte
TSO/E	Time Sharing Option/Extended
Tab.	Tabelle
u.a.	unter anderem
VSAM	virtual storage access method
Vgl.	vergleiche
VZ	Vorzeichen
XA	Extended Architecture
z.B.	zum Beispiel
z.T.	zum Teil

1. Einleitung

Die Stadtwerke Hannover AG (SWH) ist ein kommunales Energiedienstleistungsunternehmen mit einem Jahresumsatz von 1,33 Mrd. DM im Jahr 1995 bei 3371 Mitarbeitern zum Jahresende [1]. Die technischen, betriebswirtschaftlichen und organisatorischen Strukturen in einem Unternehmen dieser Größenordnung verändern sich in immer kürzeren Intervallen. Zentrale Aufgaben der Geschäftsleitung [2] sind Planung, Steuerung und Kontrolle des Erfolgs der Unternehmung. Durch die Komplexität der Unternehmensprozesse kann das Management, hier der Vorstand, jedoch im Tagesgeschäft seiner Überwachungspflicht nicht nachkommen, so daß es einen Teil dieser Funktion an die Stabsabteilung Interne Revision (IR)[3] delegiert.

Die IR hat als solche keine Weisungs- und Anordnungsbefugnisse. Sie berät den Fachbereich[4] und bereitet Managemententscheidungen fachlich vor. Als Pflichten der IR ergeben sich Objektivität, Sachlichkeit und Verschwiegenheit [5]. Auch besteht eine Initiativpflicht, auf

❏ Risiken,

❏ Mißstände und

❏ Schwachstellen

hinzuweisen. Die Tätigkeit der IR ist darauf ausgerichtet,

❏ die Ordnungsmäßigkeit der betrieblichen Abläufe sicherzustellen

❏ das Management in organisatorischen, sicherheitsrelevanten und wirtschaftlichen Fragen zu beraten [6], insbesondere in Belangen des Internen Kontrollsystems (IKS) [7]

❏ die Funktionsfähigkeit und Weiterentwicklung des IKS zu sichern

❏ frühzeitig Risiken aufzuzeigen und das Unternehmen vor Schaden zu bewahren .

---

[1] STADTWERKE HANNOVER AG (Hrsg.): Geschäftsjahresbericht 1995, Hannover 1995, S. 18, 35.

[2] Der dispositive Faktor wird im Produktionsfaktorsystem Gutenbergs als vierter produktiver Faktor gesehen. Aufgrund der ihr zuzuordnenden Anordnungs- und Entscheidungsbefugnisse ist die Geschäftsleitung als Zentrum der betrieblichen Willensbildung zu verstehen. Vgl. WÖHE, G.: Einführung in die allgemeine Betriebswirtschaftslehre, München, 18. Auflage 1993, S. 93f.

[3] Zum Begriff der Revision: Vgl. BEER, T.: Die Revision im technischen Bereich, Technological Economics, Bd. 18, Berlin, 1986, S. 9ff, 14f.

[4] Vgl. JANKE, G.: Der Wandel der betriebswirtschaftlichen Überwachungsphilosophie In: Zeitschrift Interne Revision (Hrsg.), 30(1995)4, S. 185.

[5] Vgl. BEER, T., a.a.O., S. 15.

[6] Vgl. HOFMANN, R.: Prüfungs-Handbuch: Praxisorientierter Leitfaden einer umfassenden Revisionskonzeption, Berlin, 2. Auflage 1994, S. 136.

[7] Vgl. HOFMANN, R., a.a.O., S. 141ff., Vgl. auch JANKE, G., a.a.O., S. 182-187.

Der zunehmende Einsatz der DV als Managementinstrumentarium ist besonders hervorzu-
heben, da "die vom Computer erarbeiteten und gespeicherten Daten und Informationen [...]
wichtiges Know-how und Betriebs- bzw. Geschäftsgeheimnisse" [8] darstellen. Eine bedarfs-
gerechte und zielgerichtete Auswertung dieser Daten ist unerläßlich, da 'Information' im Sinne
von zielorientiertem, zweckgebundenem Wissen inzwischen zu einem wesentlichen Wettbewerbsvorteil [9] geworden ist. Inzwischen wird sogar vom 'Produktionsfaktor Information' und
von 'Unternehmensressource' gesprochen, was verdeutlicht, daß ohne entsprechenden Einbezug dieses Faktors langfristig das Überleben des Unternehmens am Markt gefährdet ist [10].

In diesem Zusammenhang wird jedoch immer wieder darauf hingewiesen, daß die Bereitstellung besonders zeitkritisch ist. Der Verlust an Aktualität und die erhöhten Qualitätsanfor-
derungen an die Informationen sind dabei die Hauptprobleme. Das zu einem bestimmten
Zeitpunkt vorhandene Angebot an Informationen deckt sich nicht immer mit der geäußerten
Informationsnachfrage. Gründe hierfür können

❐ mangelhafte technische Informationsverarbeitungsprozesse

❐ unvollkommene organisatorische Regelungen

❐ unzureichende Leistungsfähigkeit des Kommunikationsnetzes und der -mittel

sein [11].

Die benötigten Informationen sind i.d.R. im Unternehmen vorhanden, jedoch oft wenig
strukturiert oder im Rahmen großer Datenmassen schwer zugänglich und somit kaum verfügbar [12]. Die Erkenntnis, daß Informationslücken vorhanden sind, zeigt einen erhöhten Handlungsbedarf, das Informationsversorgungssystem zu verbessern, d.h. technische und organisatorische Hilfsmittel zur Effizienzsteigerung des Informationsmanagements zu schaffen. Es muß
möglich sein, den Informationsstand beim jeweiligen Problemlösungsprozeß so zu verändern,
daß eine Angleichung bzw. ein Aufeinanderzubewegen der drei Bereiche Bedarf, Nachfrage
und Angebot bei gleichzeitiger Qualitätssteigerung erfolgt.

---

[8] HOFMANN, R., a.a.O., S. 182.

[9] Vgl. MUCKSCH, H./BEHME, W.: Das Data-Warehouse-Konzept, Wiesbaden 1996, S. 5.

[10] Vgl. KLUTMANN, L.: Integration eines strategischen Informations- und Kommunikationsmanage-
    ments in alternative Organisationsformen, Frankfurt/Main, 1992, S. 28f, 33f.,
    Vgl. auch SCHOLZ-REITER, B.: CIM Schnittstellen, München, Wien, 2. Auflage 1991, S. 8.,
    Vgl. auch HANS, L./WARSCHBURGER, V.: Controlling, München, Wien 1996, S. 13.

[11] Vgl. KOREIMANN, D. S.: Grundlagen der Softwareentwicklung, München, Wien,
    2. Auflage 1995, S. 60.

[12] Vgl. MUCKSCH, H./BEHME, W., a.a.O., S. 9f.

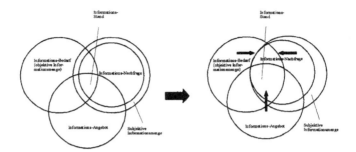

Abb. 1: Notwendige Entwicklung des Informationsstandes im Problemlösungsprozeß [13]

Die IR ist auf aktuelle, führungsadäquate und konsistente Informationen angewiesen. Liegen diese nicht rechtzeitig und in einer entsprechenden Güte vor, verliert sie nicht nur das Vertrauen, das in sie gesetzt wird, sondern auch ihre Glaubwürdigkeit und Akzeptanz. Zusätzlich können Managemententscheidungen, die sich über Controllinginformationen hinaus auf Aussagen der IR stützen, fehlerhaft oder überholt sein. Um als IR zeitnah prüfen und kompetent und umfassend beraten zu können, ist es sinnvoll, ein unternehmensweites Führungsinformationssystem (FIS) auf DV-technischer Basis zur recht-/frühzeitigen Bereitstellung von der Entscheidungssituation angemessener Informationen zu erarbeiten und umzusetzen .

Die Nutzung einer Prüfsoftware/Programmiersprache, die alle eingesetzten Datenbanken (DB) auswerten kann, ist eine Möglichkeit, nicht nur das Management mit relevanten Informationen zu versorgen, sondern auch im Nachhinein Mißstände der Geschäftsprozesse aufzudecken, aktuell zu prüfen und ggf. in laufende betriebliche Vorgänge einzugreifen. Schwerpunkte sind somit einerseits die (DV-)Systemrevision und Entwicklung von 'ganzheitlichen' Auswertungen sowie andererseits die Verbesserung der Qualität von Stichproben aufgrund von DV-technisch realisierten Plausibilitäten, die sicherstellen, daß bereits im Vorfeld einer Prüfung eine Auswahl nicht plausibler Vorgänge getroffen wird. Sinnvoll kann hier der Aufbau eines Prüf- und Kennzahlensystems sein, das Standard-Reports für die Technische, IV- und vor allem Kaufmännische Revision umfaßt. Voraussetzung aber ist, daß alle Datenbanken, die in Geschäftsprozesse integriert sind, an dieses Auswertungssystem angebunden sind oder

---

[13] In Anlehnung an KOREIMANN, D. S., a.a.O., S. 61.

werden. Das bei der SWH eingesetzte SAP-R/2-System stellt ein entsprechend nahezu uner-
schöpfliches betriebswirtschaftliches Informationsreservoir dar, das aus Sicht der Revision im
Rahmen von Prüfhandlungen genutzt werden kann und muß [14].

Das Ziel dieser Arbeit ist rein pragmatischer Natur. Sie soll die benutzerspezifische Anbindung
von SAP-R/2 an ein Auswertungssystem, hier SIRON/E, **als notwendige Prämisse der
Auswertung** anhand ausgesuchter Dateien aufzeigen.

Aus dem allgemeinen Ziel werden die folgenden Sachziele abgeleitet:

❏ Darstellung des Zugriffs auf SAP-Dateien

❏ und Funktionsweise von SIRON

❏ Entwicklung eines Leitfadens zur Anbindung von SAP-R/2 / ADABAS
    an SIRON/E und Darstellung einer Testumgebung mit konkreten Ergebnissen .

Das erste Sachziel soll die Besonderheiten des SAP-Systems darstellen, die auf die bevor-
stehende Anbindung wirken, insbesondere Probleme des Zugriffs auf SAP-Tabellen. Das
zweite Sachziel erläutert den Funktionsmechanismus, der SIRON zugrundeliegt. Als drittes
Sachziel soll ein Leitfaden entwickelt werden, der von jedem, der SAP über SIRON auswerten
möchte, genutzt werden kann. Hauptschwierigkeit ist dabei, daß mit einem externen
Programm und nicht mit SAP-eigenen Mitteln ausgewertet werden soll.

Als elementares Formalziel wird die schnelle, reibungslose und unabhängige Auswertung von
SAP angestrebt. 'Schnell' ist hierbei die temporäre Eingrenzung und bedeutet einen Zugriff,
der gewährleistet, daß den Fachrevisoren die Auswertungsergebnisse nicht verzögert vorliegen, um den Verlust der Aktualität von Auswertungsergebnissen zu minimieren. 'Reibungslos' umfaßt die Auswertung auch kritischer Datenbestände durch die Bereichsmitarbeiter vor
Ort und systemübergreifend. 'Unabhängigkeit' ist aufzufassen als der wichtigste Punkt, denn
er umfaßt nicht nur die Unabhängigkeit von anderen Abteilungen, z.B. der Programmierabteilung, sondern unterstreicht noch einmal die systemübergreifende Auswertung mit einer
Sprache, ohne auf eine für die Anwendung spezifische Applikationssprache fixiert zu sein.

---

[14] Vgl. ODENTHAL, R.: Computergestützte Datenprüfung in einer SAP-Großrechnerumgebung
In: Zeitschrift Interne Revision (Hrsg.), 30(1995)3, S. 144.

Aufbau der Arbeit

Als Einführung in das Thema werden im Kapitel 1 die Problemstellung des Unternehmens erläutert, die Ziele der Arbeit definiert und der Bezug des Verfassers zum Thema dargestellt. Im Kapitel 2 werden die wichtigsten Begriffsdefinitionen für die vorliegende Arbeit genannt, die gleichsam als Grenzen der Betrachtung aufgefaßt werden können. Außerdem werden u.a. die Begriffe 'Führungsinformationssystem' und 'Leitfaden' erläutert und ihre Bedeutung für die weitere Betrachtung dargelegt. Das Kapitel 3 zeigt einerseits die zu erfüllenden Bedingungen vor Anbindungsbeginn, andererseits die SAP-spezifischen Zugriffsprobleme und die Anbindung der als wichtig erachteten, exemplarischen Dateien. Weiterhin behandelt Kapitel 4 die Zugriffstestumgebung für die anzubindenden Dateien mit dem Einbezug von an der Anbindung restriktiv wirkenden SAP-Tabellen, Kapitel 5 die Abschlußbetrachtung mit kritischer Würdigung und einer Vorausschau auf konzeptionelle und produktspezifische Entwicklungen und Kapitel 6 die inhaltliche Zusammenfassung der Arbeit.

SIRON wurde nicht als ausschließliches Revisionswerkzeug konzipiert, die weiteren Ausführungen geben jedoch überwiegend die Anbindung aus Revisionssicht wieder. Dieses zeigt den Praxisbezug dieser Arbeit. Die Möglichkeit der Übertragung auf andere Unternehmen ist trotzdem gegeben.

Beziehung zum Thema

Der Verfasser ist seit 1993 in der Abteilung Interne Revision der SWH beschäftigt. Derzeit obliegt ihm die Betreuung und Leitung der Anbindung von SAP-R/2 / ADABAS an das SIRON/E-System. Mit kaufmännischen Revisoren entwickelt er sukzessive Auswertungen im Bereich SAP-RM, die sich am Informationsbedarf laufender kaufmännischer Prüfungen, z.B. im Bestell- oder Materialwesen, orientieren.

Die weiteren Ausführungen zeigen die eindeutig informatik-orientierte Ausrichtung dieser Arbeit und das mitunter Vernachlässigen betriebswirtschaftlicher Komponenten. Dieses ist vom Verfasser gewollt. Trotzdem wird abschließend auch auf Problemstellungen aus betriebswirtschaftlicher Sicht wie das allgemeine Entwickeln von Kennzahlen und die damit verbundenen Schwachstellen bei der Nutzung des SIRON-Systems, wenn auch aus Anbindungssicht, als kritische Würdigung eingegangen. Dieses rundet die überwiegend technische Betrachtungsweise ab.

2. Vorbemerkungen

2.1 Begründung für die Begriffsabgrenzung

Die Anbindung von SAP-R/2 an SIRON ist sehr eng zu fassen. Die Betrachtung erfolgt in einem spezifischen Umfeld (SWH). Die Ergebnisse unterscheiden sich abhängig von der äußeren Umgebung erheblich. Eine Portierung dieser Ergebnisse auf ein anderes Betriebssystem (z.B. BS2000/SNI) oder Datenbankmanagementsystem (z.b. DB2/IBM) würde nicht zu den wie folgt dargestellten Ergebnissen führen. Somit ist das Thema nicht nur eng zu definieren, sondern gegenüber dem Umfeld genau abzugrenzen. Nachfolgend werden die Bedingungen der Anbindung beschrieben, wobei neben dem DV-technischen Rahmen auch Begriffe wie 'Führungsinformationssystem' und 'Leitfaden' bzw. deren Wirkung einbezogen sind.

2.2 MVS

MVS steht für 'Multiple Virtual Storage' und bezeichnet ein Großrechnerbetriebssystem, das auf virtueller Speicherverwaltung basiert. Es entstand als Weiterentwicklung der von IBM Mitte der 60er Jahre für die Rechner der /360 - Architektur entstandenen Betriebssysteme. MVS selbst wurde 1974 durch IBM ausgeliefert [15].

Es avancierte zum wichtigsten Betriebssystem des Nachfolgers /370, das in der ursprünglichen Version einen virtuellen Speicher von 16 MB bei 24-Bit-Adressierung bot.

Durch immer größere Speicheranforderungen seitens der Anwendungsprogramme wurde MVS/XA, Extended Architecture, entwickelt, das einen virtuellen Speicher von 2 GB bei 31-Bit-Adressierung zur Verfügung stellt. 24-Bit-Programme laufen unterhalb der 16 MB-Linie, 31-Bit-Programme unter- und oberhalb [16].

Moderne online-Systeme wie CICS benötigen jedoch wesentlich mehr Speicherplatz, dadurch wurde MVS/ESA hervorgebracht, das bei ebenfalls 31-Bit-Adressierung einen virtuellen Speicher von 16 TB bereitstellt [17].

Bei der SWH wird seit 1996 MVS/ESA 5.2.2 eingesetzt.

---

[15] Vgl. WINTER, M.: MVS/ESA JCL Einführung in die Praxis, München, Wien 1993, S. 4.
[16] Vgl. ebd.
[17] Vgl. ebd.

2.3 SAP

SAP ist eine Unternehmens- und Softwarebezeichnung und das Akronym für 'Systeme, Anwendungen und Produkte in der Datenverarbeitung'.

Die SAP AG mit Sitz in Walldorf/Baden wurde 1971 gegründet und ist seit 1988 als weltweit tätige Software- und Beratungsfirma eine börsennotierte Aktiengesellschaft.

Der Umsatz betrug 1995 weltweit 2,7 Mrd. DM bei 6857 Mitarbeitern zum Jahresende [18].

Das Programmpaket SAP ist eine branchenneutrale Standardsoftware, die mit verschiedenen Modulen alle betriebswirtschaftlichen Funktionsbereiche abdeckt, integriert und verbindet [19].

Über 80 der 100 größten deutschen Unternehmen haben SAP installiert [20].

Angeboten werden die Basissysteme R/2 und R/3.

Bei R/2 handelt es sich um eine Großrechnerversion, die von großen Unternehmen und Konzernen eingesetzt wird. Das Nachfolgesystem R/3 bietet einen größeren Funktionsumfang und zeichnet sich vor allem durch die grafische Benutzeroberfläche und das Client/Server (C/S)-Konzept aus [21].

Das 'R' in der Systembezeichnung ist die Abkürzung für 'Realtime-System', was bedeutet, daß Buchungen online und nicht in einem späteren Batchlauf durchgeführt werden, so daß die aktuellen Daten den nutzenden Abteilungen sofort zur Verfügung stehen. Durch die tabellenorientierte Verarbeitung/Parametrisierung ist es möglich, daß das SAP-System unternehmensspezifisch konfiguriert wird, um Besonderheiten jedes Unternehmens voll zu berücksichtigen [22].

Bei der Stadtwerke Hannover AG wird das System R/2 in der Version 5.0E unter CICS/ESA 4.1 mit den Modulen 'RF Finanzbuchhaltung', 'RA Anlagenbuchhaltung', 'RK-A Auftragsverwaltung', 'RK-S Kostenstellenrechnung', 'RM-Inst Instandhaltung' und 'RM-Mat Materialwirtschaft' eingesetzt, zusätzlich die SAP-eigene Entwicklungsumgebung 'ABAP/4' (kurz ABAP) zur Reportgenerierung und Transaktionsprogrammierung.

---

[18] Vgl. SAP AG (Hrsg.): Für die SAP AG war auch 1995 ein äußerst erfolgreiches Jahr.
In : SAP info - Das Magazin der SAP-Gruppe, Ausgabe 49, März 1996, S. 4.

[19] Vgl. CDI (Hrsg.): SAP R/3 - Grundlagen, Architektur, Anwendung, Haar bei München 1994, S. 18.

[20] Vgl. ebd., S. 19.

[21] Vgl. HANSEN, H.-R.: Wirtschaftsinformatik I., Stuttgart, Jena, 6. Auflage 1992, S. 426.

[22] Vgl. SAP AG (Hrsg.): SAP-Dokumentation F09.2 "Wirtschaftsprüfung/Interne Revision
SAP System-Spezifikation, Release 4.3", Walldorf, 10/1990, S. 1-5, 2-7f.,
Vgl. auch ODENTHAL, R., a.a.O., S. 145.

2.4 ADABAS

Unter einem Datenbankmanagementsystem (DBMS), auch Datenbankverwaltungs-system genannt, versteht man ein Programmsystem zur Verwaltung von Daten einer Daten-bank. Forderungen an eine Datenbank sind u.a.

❑ Beliebige Auswertbarkeit und Verknüpfbarkeit

❑ Möglichkeit von Zugriffsbeschränkungen auf Daten

❑ optimierte Antwortzeiten.[23]

Vom DBMS wird dabei verlangt, die Dateien so zu verwalten, daß

❑ logische und physische Datenunabhängigkeit

❑ Datenintegrität, -sicherheit und -schutz

❑ Effizienz

❑ gleichzeitig konkurrierende Zugriffe auf Dateien

❑ Benutzerfreundlichkeit

❑ Redundanzfreiheit bzw. kontrollierte Redundanz

gewährleistet ist [24].

ADABAS [25] ist das Akronym für 'Adaptierbares Datenbank-System' und wird seit 1969 von der Firma SOFTWARE AG aus Darmstadt entwickelt. Es handelt sich dabei um ein rela-tionales DBMS (RDBMS) zur Optimierung der Zugriffe auf Anwendungsdatenbanken auf dem Großrechner.

Inhalte sind somit u.a. [26]

❑ Speichermanagement, Möglichkeit verteilter Prozesse

❑ Möglichkeit der Verwaltung von konkurrierenden Zugriffen von online- und Batch-Anwendungen

❑ Durchführung paralleler Update-Befehle auf gleiche Dateien

❑ Optimierung der CPU-Beanspruchung beim DB-Zugriff/Laufzeitoptimierung von DB-Anwendungen.

Der Zugriff auf SAP erfolgt bei der SWH über ADABAS, Release 5.3.2.

---

[23] Vgl. STAHLKNECHT, P.: Einführung in die Wirtschaftsinformatik, Berlin u.a., 7. Auflage 1995, S. 216.
[24] Vgl. ebd., S. 217.
[25] Vgl. auch HANSEN, H.-R., a.a.O., S. 595.
[26] Vgl. STORR, D. W.: Effizienter DB-Einsatz von ADABAS, Braunschweig, Wiesbaden 1994, S. 18ff.

2.5 SIRON

Siron ist eine Produkt- / Softwarebezeichnung und bedeutet 'Schnelles Informations-Retrieval [27] - System Online'. Die Ton Beller Berater für Industrie und Handel Einzelfirma mit Sitz in Bensheim/Auerbach wurde 1971 von Ton Beller und Rudger Hetzler gegründet und umfaßt mittlerweile seit 1980 insgesamt drei Gesellschaften mit beschränkter Haftung :

◻ Ton Beller Berater für Industrie und Handel GmbH (Umgründung),

◻ Ton Beller Informatik Konzepte GmbH,

◻ Ton Beller Infoware GmbH .

Insgesamt sind rund 60 [28] fest angestellte Mitarbeiter und Mitarbeiterinnen (1995) tätig, davon über 20 als Berater und Fachreferenten.

SIRON ist eine auf Assembler basierende **4GL-Sprache** [29] mit Reportgenerator, sie dient der system- und plattformübergreifenden Auswertung von heterogenen Datenstrukturen. Das Ziel ist die Extrahierung von Daten und Versorgung von weiterverarbeitenden Kalkulations- oder EIS-Systemen.

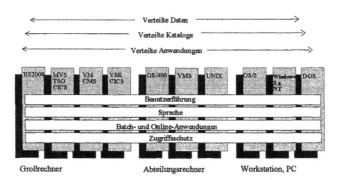

Abb. 2: Das Konzept der SIRON-Anwendungsarchitektur [30]

---

[27] RETRIEVAL, engl., 'das Suchen und Auffinden gespeicherter Daten in einer Datenbank (EDV)'.
[28] Vgl. TON BELLER GMBH (Hrsg.): Vergleichsweise jung ...
 In: Siron-online - Nachrichten aus dem Hause Ton Beller, Bensheim, Ausgabe 3/1995, S. 7.
[29] Vgl. auch HANSEN, H.-R., a.a.O., S. 364.
[30] In Anlehnung an TON BELLER GMBH (Hrsg.): Verteilte Informationsverarbeitung mit SIRON
 In: Siron-online - Nachrichten aus dem Hause Ton Beller, Bensheim, Ausgabe 1/1991, S. 3.

Bei der SWH wird SIRON seit 1989 zur Auswertung von IRD [31] (Abt. Verkaufsabrechnung) und PAISY [32] (Abt. Personal) auf dem Großrechner genutzt. Entsprechende Auswertungstools dieser Anwendungen sind nicht oder nicht ausreichend vorhanden, so daß SIRON hierfür genutzt wurde und wird. SIRON läuft seit 1996 in der Version 94.1 unter TSO/E [33], die Revisionsabteilung ist der einzige Nutzer.

2.5.1 Philosophie von SIRON

Die Philosophie von Ton Beller und seinem Produkt SIRON ist sehr einfach. Die Sprache soll sich an unserer Umgangssprache orientieren, gleichzeitig muß sie in ihrem Funktionsumfang sehr mächtig und schnell sein, sowohl von der Erlernbarkeit als auch der Ausführung der Abfragen her. Integriert ist nicht nur die eigentliche Programmierumgebung, sondern zusätzlich eine zentrale Job-Control-Verwaltung und ein Zugriffschutzsystem.

2.5.2 Funktionsweise von SIRON

Für jede Datei oder Datenbank, die über SIRON angesprochen und verarbeitet werden soll, muß eine Dateibeschreibung - im folgenden Adreßtafel genannt - existieren. In dieser Adreßtafel ist der Aufbau und die Zugriffsmethode der Datei/Datenbank hinterlegt, somit im einzelnen

- ❏ SIRON-Adreßtafelname, DD-Name
- ❏ Organisationsform, Speicherungsmedium
- ❏ Schlüsselparameter (Schlüssellänge, -format und -position)
- ❏ Satzlänge und -format
- ❏ Felderbeschreibung .

Eine Dateibeschreibung enthält Meta-Daten, d.h. Steuerungs-/Strukturdaten über die in den Dateien gespeicherten Daten[34]. Die Einrichtung und Verwaltung der Adreßtafeln in der Adreß-

---

[31] IRD: Integriertes Rechnungswesen im Dialog, Fa. systema, Mannheim.

[32] PAISY: Personalabrechnungs- und -informationssystem, Fa. ADP Employer Services GmbH, Bremen.

[33] Time Sharing ist ein Verfahren zur optimalen Aufteilung der Großrechnerleistung auf eine Vielzahl von Nutzern durch Zeitscheibenzuteilung mit ansprechenden Zugriffszeiten im Subsecondbereich. Vgl. TEUFFEL, M.: TSO/ISPF Time Sharing im Betriebssystem MVS, München, Wien, 4. Auflage 1992, S. 18f.

[34] Vgl. auch STAHLKNECHT, P., a.a.O., S. 219.

tafeldatei erfolgt über das SIRON - Subsystem GENAT. SIRON verarbeitet die Daten über Einzelsatzverarbeitung, d.h. es liest sukzessive alle Datensätze und stellt sie jeweils in einen über die Adreßtafel vordefinierten Speicherbereich des Hauptspeichers. Jeder Datensatz wird verarbeitet und durch den nachfolgenden ersetzt. Somit ist jeder Datensatz nur zum Zeitpunkt seiner Verarbeitung verfügbar, nicht jedoch, wenn der nächste gelesen und verarbeitet wird [35]. Nach Aufbau der Adreßtafeln kann über diese auf die Daten zugegriffen werden, SIRON erhält alle Dateicharakteristika, die zur Versorgung der Auswertungen notwendig sind.

2.6   Weitere Begriffe und deren Bedeutung für die folgende Betrachtung

2.6.1   Führungsinformationssysteme

Bereits Mitte der 60er Jahre entstand in den USA der Begriff des Managementinformationssystems (MIS) aus dem Bestreben heraus, den auf Abrechnungssysteme beschränkten DV-Einsatz zu erweitern und neue Absatzmärkte und Vertriebschancen zu eröffnen [36]. Es wurde der Versuch unternommen, den DV-Einsatz "über den administrativen Bereich hinaus auszudehnen und dem Management mittels standardisierter Berichte Führungsinformationen bereitzustellen" [37].

Zu diesem Zeitpunkt verstand man unter dem MIS-Begriff uneinheitlich u.a.

❏   alle computergestützten Anwendungssysteme überhaupt

❏   Berichtssysteme

❏   Abfrage- und Auskunftssysteme der operativen Ebene

❏   alle auf einer Datenbank basierenden Anwendungssysteme. [38]

Der Forderung einer Integration aller im Unternehmen eingesetzten Informationsquellen im Sinne eines 'totalen Informationssystems' konnte nicht nachgekommen werden, da fehlende DV-technische Voraussetzungen nicht abgebaut werden konnten, der Entwicklungs- und Wartungsaufwand für solche Systeme zu hoch war und die Akzeptanz seitens der Benutzer fehlte. So wurden in den Unternehmen überwiegend partielle IS für konkrete betriebliche

---

[35] Vgl. TON BELLER GMBH (Hrsg.): SIRON-Dokumentation "Siron-Einführung", Bensheim 1994, S. E1-060.

[36] Vgl. STAHLKNECHT, P., a.a.O., S. 409.

[37] BIETHAN, J./HUCH, B. (Hrsg.): Informationssysteme für das Controlling, Berlin, Heidelberg, New York u.a. 1994, S. 28.

[38] Vgl. STAHLKNECHT, P., a.a.O., S. 409.

Funktionen konzipiert [39]. Außerdem verhinderten die starke Zentralisierung der DV und eine mangelnde Projektorientierung die Umsetzung dieser 'Philosophie'.

Erst in den letzten Jahren wird diesem Bereich der Informationsgewinnung zur Entscheidungsunterstützung wieder mehr Beachtung geschenkt, da die zuvor erwähnten, lähmenden Restriktionen abgebaut wurden und unternehmensüberspannende Datenbankmanagementsysteme vorherrschen.

Die weiteren Ausführungen orientieren sich an der von Scheer vorgenommenen Klassifizierung integrierter Informationssysteme. "Computergestützte betriebswirtschaftliche Informationssysteme sind das Vehicel, um betriebswirtschaftliche Anwendungskonzepte mit der Informationstechnik zu verbinden." [40] Die Architektur von Informations- und Kommunikationssystemen wird als in Schichten geteilte Pyramide dargestellt, wobei die Spitze das FIS charakterisiert [41], das Daten der operativen Ebene für Planungs- und Kontrollzwecke verdichtet [42].

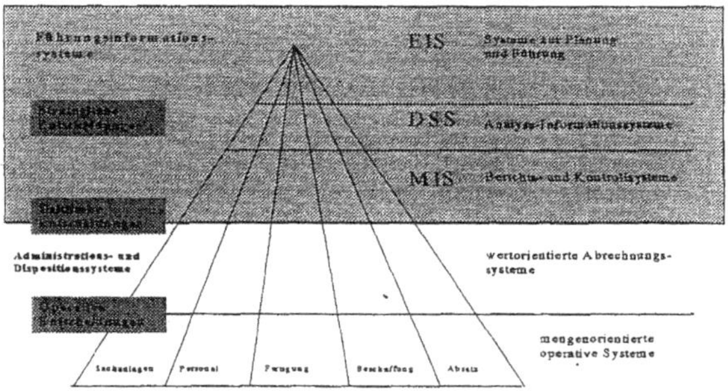

Abb. 3: Informationssystempyramide [43]

Scheer wie auch andere deutsche Autoren [44] verwenden den Oberbegriff Führungsinformationssystem und unterteilen diesen in 'Decision Support System', 'Executive Information System' und 'Executive Support System'.

[39] Vgl. STAHLKNECHT, P., a.a.O., S. 409.
[40] SCHEER, A.-W.: Wirtschaftsinformatik Studienausgabe, Berlin, Heidelberg, New York u.a. 1995, S. 4.
[41] Vgl. ebd., S. 5.
[42] Vgl. HANS, L./WARSCHBURGER, V., a.a.O., S. 13.
[43] In Anlehnung an VOGEL, C./WAGNER, H.-P.: Executive Information Systems: Ergebnisse einer
empirischen Untersuchung zur organisatorischen Gestaltung
In: Zeitschrift Führung + Organisation 1/1993, S. 27.
[44] Vgl. STAHLKNECHT, P., a.a.O., S. 408f., -
Vgl. MERTENS, P./BODENDORF, F. u.a.: Grundzüge der Wirtschaftsinformatik, Berlin u.a.,
4. Auflage 1996, S. 50.,
Vgl. MUCKSCH, H./BEHME, W., a.a.O., S. 50ff.

2.6.1.1 Decision Support System (DSS)

Wesentliches Merkmal eines DSS ist der Einsatz zur Lösung schlecht bzw. halbstrukturierter Problemstellungen [45] (Vorgehensweise, Ziele und Variablen der Entscheidung sind nicht spezifiziert [46]). Zu diesem Zweck stellt es flexible Analysemethoden und Simulations-/ Optimierungsmodelle zur Auswirkungsüberprüfung alternativer Entscheidungsmöglichkeiten zur Verfügung [47]. Dabei konzentriert sich die Führungskraft auf die unstrukturierten Aspekte, während der Computer die strukturierten, d.h. programmierbaren Probleme abdeckt [48].

Diese Systeme "ermöglichen den Zugriff zu umfassenden Datenbanken" [49] und kommen somit einem ganzheitlichen Integrationsgedanken von Informationssystemen sehr nahe. Charakteristisch ist die Bereitstellung einer Wissens- und Erfahrungskomponente.

Es lassen sich unterschiedliche Schwerpunkte in der Forschung bzw. bei Softwareanbietern feststellen. Z.B. steht beim entscheidungsorientierten Ansatz die Bereitstellung mathematischer Modelle zur Simulation unterschiedlicher Szenarien im Vordergrund, um den strukturierten Teil einer Entscheidungssituation zu analysieren und Erkenntnisse wissenschaftlich zu untermauern. Systemorientierte Ansätze beziehen sich eher auf hard- und softwaretechnologische Aspekte und sind somit in der Informatik angesiedelt. Beim supportorientierten Ansatz ist für die Lösung des Entscheidungsvorganges das Fachwissen und die Erfahrung des Bedieners Voraussetzung für die Lösung des Problems. Die Transparenz ist für das System erst möglich durch einen andauernden Dialog zwischen dem Anwender und dem System über das hinterlegte Modell. Darüber hinaus können DSS dabei "sowohl eine mehr analytische wie auch eine mehr diagnostizierende Vorgehensweise beinhalten."[50]

Durch den Einsatz eines DSS vergrößert sich einerseits die Informationssicherheit, andererseits wird die Dauer der Entscheidungsfindung erheblich reduziert [51]. DSS sind als Individualsoftware auf die speziellen Informationsbedürfnisse einzelner Funktionsbereichsmanager zugeschnitten [52].

---

[45] Vgl. LEHNER, F. u.a.: Organisationslehre für Wirtschaftsinformatiker, München, Wien 1991, S. 352.
[46] Vgl. BIETHAN, J./HUCH, B., a.a.O., S. 28.
[47] Vgl. MUCKSCH, H./BEHME, W., a.a.O., S. 40, 53.
[48] Vgl. LEHNER, F. u.a., a.a.O., S. 352.
[49] BIETHAN, J./HUCH, B., a.a.O., S. 28.
[50] Vgl. KLUTMANN, L., a.a.O., S. 64.
[51] Vgl. KRALLMANN, H., a.a.O., S. 335.
[52] Vgl. VOGEL, C./WAGNER, H.-P., a.a.O., S. 26.

2.6.1.2 Executive Information System (EIS)

Getragen vom Erfolg der DSS wurde in den 80er Jahren weiter an der Computer-unterstützung des Managements gearbeitet und die 'Executive Information Systems' (EIS) entwickelt. Im herkömmlichen Sinne versteht man heute unter EIS ein System, das auf indi-viduelle Informationsbedürfnisse des Managements reagiert und hierfür abgestimmte Informa-tionen zur Verfügung stellt. Wichtig ist in diesem Zusammenhang das Bereitstellen von Kennzahlen und das frühzeitige Erkennen unternehmensbedeutsamer Tendenzen. Auf dieses 'Forecasting' wird in der Praxis sehr intensiv geachtet, da gerade hierüber das Reagieren auf Toleranzabweichungen gebildeter Eckdaten [53] möglich ist (Exception Reporting [54]). Weiterhin stellt ein EIS Funktionen zum DV-gestützten Berichtswesen zur Verfügung, z.T. elektronische Postdienste und das Kommentieren von Bildschirmen bzw. Nachbearbeiten von DV-erstellten Berichten [55]. Der Schwerpunkt liegt hier eindeutig in der Verdichtung und Präsentation von Informationen [56]. Sowohl Schwarze [57] als auch Mertens/Griese[58] setzen dies gleich mit der Initialisierung und Überwachung von Entscheidungen. Gerade durch die Gegenwarts- und Zukunftsorientierung (für die Planung und Steuerung des Unternehmensgeschehens) und das unkomplizierte Handling zeigt sich, daß ist es für das Top-Management konzipiert wurde.

2.6.1.3 Executive Support System (ESS)

Scheer definiert als ESS ein System, das die Eigenschaften eines EIS und DSS verbindet. So bietet ein solches System u.a. neben einer mathematischen Auswertungs-unterstützung und Optimierungsrechnungen mit Hilfe von Methodendatenbanken auch leistungsfähige Präsentationswerkzeuge [59]. Auch Mertens/Griese und Klutmann bezeichnen in ihrer Typologie von Planungs- und Kontrollsystemen ein DSS, das ein EIS als Komponente

[53] Vgl. RIEGER, B.: Executive Information Systems (EIS): Rechnergestützte Aufbereitung von Führungsinformationen, In: Krallmann, H. (Hrsg.): Innovative Anwendungen der Informations-und Kommunikationstechnologien in den 90er Jahren, München 1990, S. 105.

[54] Vgl. MUCKSCH, H./BEHME, W., a.a.O., S. 39, 59.

[55] Vgl. RIEGER, B., a.a.O., S. 116.

[56] Vgl. SCHULTE, C.: Lexikon des Controlling, München, Wien 1996, S. 700f.

[57] Vgl. SCHWARZE, J.: Systementwicklung - Grundzüge der wirtschaftlichen Planung, Entwicklung und Einführung von Informationssystemen, Berlin 1995, S. 24.

[58] Vgl. MERTENS, P./GRIESE, J.: Integrierte Informationsverarbeitung 2, Planungs- und Kontrollsysteme in der Industrie, Wiesbaden , 7. Auflage 1993, S. 33.

[59] Vgl. SCHEER, A.-W., a.a.O., S. 675.

beinhaltet, als ESS [60]. Dabei hält die Datenverwaltungskomponente die problemrelevanten Daten im Zugriff, während die Systemsteuerungskomponente dem Anwender die Auswahl und Nutzung der benötigten Methoden und Modelle ermöglicht. Hier wird deutlich, daß hohe Anforderungen an die Software hinsichtlich der Flexibilität bei Auswertung und Methoden-abbildung bzw. -wahl gestellt werden.

MIS-/FIS-Produkte sollten mindestens folgende Komponenten beinhalten, um spezifische Informationsbedürfnisse in angemessener Entwicklungszeit erarbeiten zu können:

☐ Eine geeignete Programmier- bzw. Planungssprache, die dazu dient, die entsprechen-den Informationenselektionen zu generieren

☐ Editoren, die die Entwicklung von Masken, Menüs und Grafiken unterstützen

☐ Kommunikationskomponenten, die den Datenaustausch ermöglichen bzw. sogar automatisieren.

In der Praxis ist zu erkennen, daß durch die wachsende Leistungsfähigkeit von Personalcom-putern bei stetiger Vernetzung in den Unternehmen ein dezentraler Einsatz solcher Systeme im Arbeitsbereich der Entscheidungsträger stattfindet, bei der SWH Windows NT - basierend.

Der Bezug zu SIRON

Die Frage, inwieweit SIRON zu den vorgenannten Führungsinformationssystemen gezählt werden kann, ist schwierig zu beantworten. Es wurde nicht aufgrund der Anforderungen der in der Literatur behandelten zuvor erläuterten Terminologie konzipiert und realisiert, sondern vielmehr aus einem konkreten Bedarf heraus. Bei SIRON wird der Schwerpunkt als Retrievalsystem deutlich, denn es wurde verstärkt auf eine dem Sprachraum angepaßte, leistungsstarke und nahezu über alle Datenbanken und Betriebssysteme hinweg einsetzbare Programmiersprache Wert gelegt, die sich immer weiter entwickelte und nach und nach unterschiedliche Komponenten wie beispielsweise eine grafische Benutzeroberfläche und eine grafisch orientierte Reportgestaltung integrierte, während die Forderung nach Unterstützung von Methoden- und Modelldatenbanken vernachlässigt wurde. Sie beinhaltet somit eine Programmiersprache der vierten Generation als eigentlichen Kern und auch Editoren und

---

[60] Vgl. MERTENS, P./GRIESE, J., a.a.O., S. 4f.,
Vgl. KLUTMANN. L.. a.a.O.. S. 66.

Kommunikationskomponenten, die sowohl auf den Host als auch auf PC-Ebene ausgerichtet sind. Die Bereitstellung von verdichteten Führungsinformationen und Kennzahlenbildung ist nicht nur möglich, sondern eigentliches Ziel.

Für den Verfasser besteht kein Zweifel, daß SIRON zu den Führungsinformationssystemen gezählt werden kann, wenn es auch z.T. andere Schwerpunkte setzt und Anforderungen aus der Theorie nur bedingt verwirklicht.

Trotz der Möglichkeit, ABAP in der Abt. Revision als Reportgenerator einzusetzen, wurde als strategische Größe festgelegt, mit SIRON zu arbeiten. **Diese Entscheidung ist für die vorliegende Arbeit als vorgegebene Restriktion zu sehen. Es ist somit nicht primäres Ziel, sie in Form eines Für und Wider infrage zu stellen.**

2.6.2 Der Begriff des Leitfadens

Ein Leitfaden ist eine logische Beschreibung komplexer Vorgänge/Systeme mit dem Ziel, den jeweiligen Informationsempfängern das Verständnis der Zusammenhänge und die Anwendung zu erleichtern oder zu vermitteln. Für die weitere Betrachtung versteht sich dieser Begriff konkret als unter gegebenen Umständen systematische, begründete Vorgehensweise zur Sicherstellung der Auswertbarkeit von SAP-Dateien durch SIRON. Hier wird noch einmal deutlich, daß sowohl der Nachvollzug als auch eine Anwendung der Ergebnisse vorrangig ist. Dies unterstreicht, daß nachfolgend weniger auf die Auswertung selbst als viel mehr auf das systematische Vorgehen bei der Anbindung, d.h. der Zugriffsdefinition von Dateien als notwendige Prämisse der Auswertung, Wert gelegt wird.

Der Leitfaden gibt eine für jeden Anbindungsteilschritt begründete Vorgehensweise wieder und erörtert detailliert Problemstellungen, sofern diese auftreten. Ein Aufzeigen von Alternativen bei Erreichen von Meilensteinen innerhalb der Anbindung erfolgt nicht, da dies den Rahmen der Arbeit übersteigen würde.

So beschränkt sich die Entwicklung des Leitfadens auf die Darstellung einer Vorgehensweise, die einer klaren, in sich logisch begründeten Linie folgt und das definierte Ziel erreicht. Eine andere, weiterreichendere Definition ist für die vorliegende Problematik aus Sicht des Verfassers nicht sinnvoll.

3. Anbindung von SAP / ADABAS an SIRON/E

3.1 Vorbemerkungen

Bei der SWH sind zwei Mitarbeiter in der Abt. Revision als Administratoren verantwortlich für die Systembetreuung/Benutzerprofilverwaltung. Sie verwalten die Berechtigungen, Abfragen und Adreßtafeln (siehe Anhang A, Berechtigungssatz Administrator und Anwender). Den Mitarbeitern sind je nach Tätigkeitsfeld Arbeitsgebiete (z.B. SAP/IRD/PAISY/JCL/GENAT) im SIRON zugeteilt.

Nach Einrichten des Berechtigungsprofiles im SIRON/E kann ein Anwender SAP-Abfragen bearbeiten, um sie jedoch ausführen zu können, muß entsprechende Job-Control bereitgestellt werden [61] (siehe Anhang B, SWH-Job-Control). Die Pflege sollte in einer zentralen Stelle erfolgen, entweder in der Systemtechnik/-betreuung oder innerhalb des nutzenden Fachbereichs, sofern entsprechende Kompetenzen vorhanden sind.

In jedem Betriebssystem wird für die Bearbeitung von SIRON-Abfragen die SIRON-Modulbibliothek benötigt, außerdem die Adreßtafeldateien, Ausgabedateien, Zuweisungen für die zu verarbeitenden Dateien, die Abfragen selbst, die EXEC-Anweisung zum SIRON-Aufruf [62] und z.T. spezielle Datenaustauschmechanismen, wie dies für SAP der Fall ist.

Beim Ausführen von Abfragen werden im MVS-Betriebssystem die Abfragen gemeinsam mit Job-Control-Anweisungen an das JES [63] zur Ausführung abgestellt. Der Output wird vom JES übernommen und verwaltet.

Sofern Zugriffsberechtigungen und Profile vorliegen, kann die Anbindung von SAP-Dateien an SIRON/E erfolgen.

3.1.1 Kritische Dateien

SAP deckt bei der SWH die Bereiche Kreditorenbuchhaltung, Anlagenbuchhaltung, Materialwirtschaft, Instandhaltung, Finanzbuchhaltung, Kostenstellenrechnung und Auftrags-

---

[61] Bei Batch-Verarbeitung ist es zwingend erforderlich, Job-Control bereitzustellen. Vgl. 3.1.3: SAP-Zugriff, Vgl. WINTER, M., a.a.O., S. 1.

[62] Vgl. TON BELLER GMBH (Hrsg.): SIRON-Dokumentation "Siron-Einführung", a.a.O., S. E-Anh060.

[63] Vgl. auch WINTER, M., a.a.O., S. 20.

abrechnung ab, somit kommen die Module [64]

☐   RM   Materialwirtschaft/Instandhaltung   ☐   RF   Finanzbuchhaltung

☐   RK   Kostenstellenrechnung und   ☐   RA   Anlagenbuchhaltung

                Auftragsverwaltung

zum Einsatz.

Für die Revisionsabteilung sind die Bereiche Materialwirtschaft und Beschaffung in Verbindung mit der Kostenstellenrechnung und Auftragsabwicklung von besonderem Interesse. Die Abteilungen Materialwirtschaft und Einkauf sind besonders kritische Bereiche des Unternehmens. "Nahezu sämtliche Verbindlichkeiten, die ein Unternehmen mit den Beschaffungsmärkten für Güter und Dienstleistungen eingeht, werden vom Einkauf verhandelt. Es liegt auf der Hand, daß eine solche Aufgabe in besonderem Maße Gefährdungen ausgesetzt ist und daß sich ein enges Netz interner Kontrollen entfalten muß, die sicherstellen, daß zu den günstigsten erzielbaren Bedingungen eingekauft wird" [65]. "Angesichts der Wertbewegungen in der Materialwirtschaft ist es verständlich, daß gerade in diesem Bereich die Unternehmensleitung bestrebt sein wird, ein hinsichtlich Umfang und Qualität adäquates System von internen Kontrollen einzurichten." [66]

Lieferantenauswertungen können sehr vorteilhaft sein, Unregelmäßigkeiten aufzudecken (Jahresumsätze, Zugriff bis auf Positionsebene jeder Bestellung/ Rechnung etc.), aber gerade Auswertungen im direkten Materialbereich zur Aufschlüsselung von Materialbewegungen zur Vermeidung unrechtmäßiger Entnahmen sind wichtig (was, vom wem, wieviel, in welchem Zeitraum). Gerade über die Schädigung durch eigene Mitarbeiter entstehen den Unternehmen erhebliche Verluste im Jahr. Dabei werden den Tätern durch das duldende Verhalten der Vorgesetzten und der damit verbundenen 'Entkriminalisierung' alle Möglichkeiten offengelegt, das Unternehmen zu schädigen, was sich sehr häufig im Bereich der Beschaffungsfunktion/Logistik darstellt (Materialdisposition, Lagerhaltung und innerbetriebliches Transportwesen) [67]. Die Erklärung liegt auf der Hand, "im Lager besteht eine besondere Gefahr von Verlusten durch Diebstahl, da die hier lagernden Materialien oft einen hohen Wert und eine

---

[64] Vgl. auch WENZEL, P.: Betriebswirtschaftliche Anwendungen des integrierten Systems SAP-R/3, Braunschweig/Wiesbaden 1995, S. 7.

[65] EULER, K. A.: Interne Kontrollen im Unternehmen, Berlin 1984, S. 40.

[66] Ebd., S. 44.

[67] Vgl. HOFMANN, R.: Dolose Handlungen - Maßnahmen zur Verhütung und Aufdeckung durch die Interne Revision In: Zeitschrift Interne Revision (Hrsg.). 23(1988)2a, S. 43ff.

relativ große Fungibilität [68] aufweisen"[69] . Somit gehören die Bereiche "Beschaffung und Lagerhaltung [...] zu den klassischen Arbeitsgebieten, die für dolose Handlungen prädestiniert sind" [70] und für solche auch entsprechend häufig genutzt werden [71].

Zu betrachten sind exemplarisch für die Anbindung:

☐   der Materialstamm   ☐   der Sachkonten- und Anlagenstamm

☐   der Einkauf / Bestellabwicklung   ☐   die Kreditoren-/Debitorenbuchhaltung

☐   das Belegwesen .

Zur Verfolgung und Eingrenzung von Kostenverursachern ist es notwendig, die Kostenstellen- und -artenrechnung in Verbindung mit RM anzubinden, da "die Kostenrechnung selbst ein wesentliches Instrument zur Kontrolle wirtschaftlichen Handelns" [72] ist.

Darunter fallen die:

☐   Kosten- und Leistungsarten

☐   Kostenstellen

☐   Aufträge.

Generell ist festzustellen, daß die "vom externen Rechnungswesen und der Kosten- und Leistungsrechnung bereitgestellten Informationen [...] wesentliche Grundlage für das Controlling und für Führungsinformationssysteme" [73] darstellen, was die zentrale Rolle der Kostenrechnung für die Anbindung unterstreicht.

Es darf nicht übersehen werden, daß Berührungspunkte zwischen den einzelnen Modulen existieren, so daß bestimmte Dateien trotz evtl. geringer Einzelpriorität beschrieben werden müssen, um an aussagefähige Informationen zu gelangen. Diese Dateien definieren für die weitere Betrachtung den erweiterten RM-Bereich.

---

[68] FUNGIBILITÄT, lat., 'Austauschbarkeit, Ersetzbarkeit'.

[69] EULER, K. A.: Interne Kontrollen im Unternehmen, Berlin, 2. Auflage 1992, S. 27.

[70] HOFMANN, R.: Materialwirtschaft, ein wichtiger Unternehmensbereich, unter Berücksichtigung der Bedeutung der internen Kontrolle und den Aufgaben von Controlling, Interner Revision und Wirtschaftsprüfung
In: Zeitschrift Interne Revision (Hrsg.), 23(1988)3, S. 166.

[71] Vgl. HOFMANN, R. (23/1988/2a), a.a.O., S. 43f.

[72] EULER, K.A. (1992), a.a.O., S. 87.

[73] SCHEER, A.-W., a.a.O., S. 674.

3.1.2 Aufbau einer Adreßtafel

Zum Anlegen einer Adreßtafel ist dem SIRON-Subsystem GENAT ein Programm bereitzustellen, das

❑ eine Beschreibung der Datei mit charakteristischen Parametern sowie

❑ die Beschreibungen der Segmente, Bereiche, Feldgruppen und Felder

enthält [74].

Der Aufbau entspricht folgendem Grundschema [75] :

```
GENAT
LOE Tafelname          ≙ Löschen einer evtl. alten Tafel
HIN [Parameter]        ≙ Hinzufügen einer Tafel, Parameterzeile
 1   Gruppe/Segment    ≙ Feldzeilen
10   Feld1
...
```

Parameterzeile

Tafel-name	DD-name	Org.-form	Speicher-medium	Update-Kennzeichen	Schlüssel-parameter	Satz-länge	Block-länge	Satz-format

Bedeutung der einzelnen Parameter:

Begriffe	Kurzbeschreibung
Tafelname	Adreßtafelidentifikation
DD-Name	MVS-Datei-Identifikation, Job-Control-Zuweisung zu der zu verarbeitenden Datei
Org.form	Dateiorganisation (VSAM-ESDS/RRDS/KSDS, ISAM, sequentiell)
Speichermedium	Magnetplatte, -band, Kassette
Update-Kennzeichen	gesonderte Ausweisung für Update-Zugriffe, müssen explizit ausgewiesen werden und im RACF zugelassen sein
Schlüsselparameter	Länge, Format und Position des Zugriffsschlüssels im Datensatz

---

[74] Vgl. TON BELLER GMBH (Hrsg.): SIRON-Dokumentation "GENAT", Bensheim 1995, S. EG-030.

[75] Vgl. ebd., S. EG-040ff.

Satzlänge	Länge des Datensatzes
Blocklänge	physische Länge eines Blocks, Angabe muß bei MVS nicht erfolgen
Satzformat	feste oder variable Satzlänge, geblockt oder ungeblockt

Beschreibung von Feldern/Feldzeilen [76]

Die Feldbeschreibungen werden entsprechend der Felderreihenfolge im Datensatz angegeben.

Aufbau:

Stufen-nummer	Bezeichner	Feldzahl	Feld-Format	Stellen-zahl	rel. Satz-adresse
1	Segment		S		
10	Name		C	13 ;	0
10	Betrag	12	FU	5.2 ;	13
...					

Begriffe	Kurzbeschreibung
Stufennummer	Möglichkeit der Abbildung von hierarchischen Strukturen (z.B. ein Kopf-, mehrere Positionssegmente)
Bezeichner	Feld-, Gruppen- oder Bereichs-/Segmentbezeichnung
Feldzahl	Möglichkeit der Zusammenfassung gleichartiger numerischer Felder, Ansprechen über Indizes
Feldformat	zur Auswahl stehen u.a. Character, numerisch (un)gepackt, binär, mit/ohne VZ
Stellenzahl	Anzahl der logischen Stellen der einzelnen Felder (Gesamtlänge, Nachkommastellen)
Rel. Satzadresse	Angabe der Position eines Feldes innerhalb des Datensatzes, muß nicht angegeben werden bei Definition aller Felder, zwingend notwendig bei Redefinition, bei der Auslassung von Feldern etc.

---

[76] Vgl. TON BELLER GMBH (Hrsg.): SIRON-Dokumentation "GENAT", a.a.O., S. EG-070f.

3.1.3 SAP - Zugriff

Trotz der Tabellenorientierung des SAP-Systems ist die Auswertung von R/2-Datenbanken relativ unproblematisch, sofern sie auf den Datenhaltungssystemen VSAM, ISAM oder ADABAS basieren. Die Verwaltung der SWH-Datei-/DB-Zugriffe erfolgt in SAP mit Hilfe eines ADABAS-Kontrollblocks, der u.a. Informationen enthält über

☐   den Datei-/DB-Aufbau

☐   die Datei-/DB-Organisation

☐   den Datei-/DB-Namen [77].

Der 7-stellige Kontrollblockname ist die in der Dateibeschreibung anzuführende Bezeichnung anstelle des DD-Namens zur Steuerung des Zugriffs auf die Datei/DB.
Weil ADABAS als Schnittstelle zwischen der R/2-Standardschnittstelle SAPCOIN und SIRON fungiert, müssen die Kontrollblocknamen des DBMS als Dateinamen in den Parameterleisten angegeben werden.

Da die Kontrollblockdefinition unter ADABAS die Zuweisung von Tabellen, Dateien oder Sichten regelt, spielt der Unterschied zwischen einer für SIRON zu definierenden Datei und einer über einen Kontrollblock definierten Tabelle für die Adreßtafeldefinition keine Rolle, so daß die Begriffe nachfolgend synonym verwendet werden bzw. überwiegend von Dateien gesprochen wird, jedoch sind immer die einzelnen SAP-Tabellen/Kontrollblöcke gemeint.

Die Verbindung zwischen SIRON und SAP selbst erfolgt in zwei Phasen, hierzu werden die SIRON-SAP-Verbindungsmodule

☐   VEHZSAPE und

☐   VEHZSAPN

benötigt.

Die Auswertung beginnt mit dem Start von PROG.SAPBTCH, dieses Programm gewährleistet den Batchzugriff auf SAP-Dateien auf Jobebene. SAP-Auswertungen sind <u>nur über</u>

---

[77] Vgl. SAP AG (Hrsg.): SAP-Dokumentation S12.2: "Datenbankprogrammierung Release 5.0", Walldorf, 10/1993. S. 1-4f.

- 23 -

SAPBTCH möglich, so daß keine Dialogverarbeitung erfolgen kann [78].

Das SIRON-Verbindungsmodul VEHZSAPE sichert die Ressourcen für den Datenaustausch, es ermöglicht den teilhabenden Betrieb der SIRON-Module zur Laufzeit von SAPBTCH, d.h. SIRON ist zu diesem Zeitpunkt ein quasi-Unterprogramm von SAP, das von SAPBTCH 'bedient' wird [79].

Die Kommunikation und der Datenaustausch zwischen SAP und SIRON erfolgen über VEHZSAPN, das das Standardschnittstellenprogramm SAPCOIN aufruft. SIRON bedient sich über ADABAS der SAPCOIN-Parameter, um die gewünschten Daten zu erhalten [80].

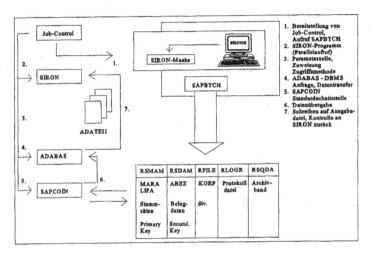

Abb. 4: SIRON-Zugriff auf SAP

3.1.3.1 Zugriffsmethoden

Der Zugriff auf SAP wird über Zuweisungen in der variablen Parameterleiste gewährleistet. Über Angabe einer spezifischen Organisationsform entsprechend der Dateiart wird SAPCOIN aufgerufen und die gewünschte Zugriffsmethode übergeben.

---

[78] Vgl. TON BELLER GMBH (Hrsg.): SIRON-Dokumentation "Datenbankzugriffe SAP Version 94.1(1)", Bensheim 1995, S. DSA030.

[79] Vgl. SAP AG (Hrsg.): SAP-Dokumentation F09.2 "Wirtschaftsprüfung/Interne Revision SAP System-Spezifikation, Release 4.3", a.a.O., S. 8-23.

[80] Vgl. TON BELLER GMBH (Hrsg.): SIRON-Dokumentation "Datenbankzugriffe SAP Version 94.1(1)", a.a.O., S. DSA030.

- 24 -

SAP stellt fünf verschiedene Zugriffsmethoden zur Vergügung, mit denen auf die unterschiedlichen Dateiarten zugegriffen wird.

Methoden	Dateiart	Aufruf im SIRON/ Organisationsform
RSMAM	Stammdateien	SAP-SMAM
RSDAM	Beleg-/Bewegungsdateien	SAP-ABMI / SAP-ABIB
RFILE	div. SAP-Dateien	SAP-FILE
RLOGR	Protokolldateien	SAP-LOGR
RSQDA	Archivbänder	SAP-SQDA

Tab. 1: SAP-Zugriffsmethoden [81]

SAPCOIN ermöglicht den entsprechenden Zugriff und stellt die Verbindung zur Datenkom-
munikation zwischen SAP, ADABAS und SIRON her.

3.1.3.2 SAP-Dateiaufbau

SAP-Dateien verfügen zum Teil über mehrere Segmente mit hierarchischer Beziehung
zueinander. Dieser spezifische Dateiaufbau gewährleistet eine Optimierung der Dateipflege.
Bei Erweiterungen können neue Segmente hinzugefügt werden ohne dabei die Dateien in den
alten Segmenten zu verändern, es sind nur geringe Modifikationen nötig (z.B. Zugriffsmethode, Dateilänge, Schlüsseldefinition im ADABAS-Kontrollblock). Diese hierarchische Struktur
erlaubt die Speicherung von allgemeinen, für alle Konzernbereiche gültigen Informationen und
unterschiedlichen produkt- oder unternehmensspezifischen Gesichtspunkten in einer Datei mit
geringem, optimiert-redundanten Vorhalten bestimmter Inhalte.

Allgemeiner Datei-Aufbau - Segmente:

A-Segment	:	Belegkopf	≙ Root-/Wurzelsegment
B-Segment	:	Belegsegment	≙ abhängiges Segment
C-Segment	:	Belegsegment	≙ abhängiges Segment ...

---

[81] Vgl. TON BELLER GMBH (Hrsg.): SIRON-Dokumentation "Datenbankzugriffe SAP Version 94.1(1)",
a.a.O., S. DSA160 ff.

"Jedes Segment ist in Feldgruppen und diese [...] in einzelne Felder unterteilt und werden verdichtet in der Datenbank gespeichert. Informationen zur Identifikation eines Segments werden in einem Segmentrumpf festgehalten" [82].

"Alle Segmente beinhalten im Segmentrumpf

☐   ein Segment-Kennzeichen zur eindeutigen Identifikation des Segments (z.B. bei der Komprimierung),

☐   den [...] Stammsatz-Key,

☐   und die variable Segmentlänge." [83]

<u>Beispiel LIFA - Lieferantenstammdatei:</u>

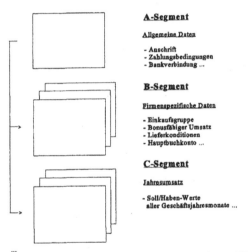

A-Segment

<u>Allgemeine Daten</u>

- Anschrift
- Zahlungsbedingungen
- Bankverbindung ...

B-Segment

<u>Firmenspezifische Daten</u>

- Einkaufsgruppe
- Bonusfähiger Umsatz
- Lieferkonditionen
- Hauptbuchkonto ...

C-Segment

<u>Jahresumsatz</u>

- Soll/Haben-Werte
  aller Geschäftsjahresmonate ...

A-Segment	DS n	B-Segment	C-Segment	Jahresumsatz 1994
A-Segment	DS n	B-Segment	C-Segment	Jahresumsatz 1995
A-Segment	DS n	B-Segment	C-Segment	Jahresumsatz 1996
A-Segment	DS n	B-Segment	C-Segment	Jahresumsatz 1997
A-Segment	DS n+1	B-Segment	C-Segment	Jahresumsatz 1994

...

Abb. 5: SAP-Stammdatenstruktur [84]

---

[82] SAP AG (Hrsg.): SAP-Dokumentation S12.2, a.a.O., S. 3-4f.

[83] Ebd., S. 3-5.

[84] In Anlehnung an SAP AG (Hrsg.): System RM Funktionsbeschreibung Produktionsplanung und -steuerung, Einkauf, Materialwirtschaft, Rechnungsprüfung, Instandhaltung, Walldorf. 07/1988, S. 21.

Die Verarbeitung von SAP-Dateien erfolgt 'pfadweise'. Das Ansprechen eines Segments kann nur durch Kenntnis der übergeordneten Segmente durchgeführt werden. Neben den eindeutigen Zugriffsmethoden SMAM, SDAM, LOGR und SQDA existiert eine weitere Methode, die als SAP-Basis-Zugriffsmethode auf unterschiedliche Dateien zugreifen kann [85]. Besonderheiten des Aufbaus dieser Dateien, die über RFILE anzusprechen sind, werden exemplarisch unter 3.2.3.5 erläutert.

Für die Anbindung an SIRON ergibt sich der Vorteil einer erhöhten Übersichtlichkeit der Adreßtafeln. Auch die AT können später durch den spezifischen Segmenteinbezug einfacher modifiziert werden (Anhängen neuer oder Löschen nicht benötigter Segmente).

3.1.3.3 Segmentbeschreibung

Ausgehend von der SAP-Strukturbeschreibung, die sich aus mehreren Einzelsegmentbeschreibungen zusammensetzt und auszugsweise in Anhang C dargestellt ist, werden nachfolgend die zu beschreibenden Dateien jeweils als Adreßtafel definiert. Die Segmentbeschreibung liegt jeder SAP-Installation bei und kann über den ABAP-Report RSTASTRU (Strukturbeschreibung von Tabellen) abgerufen werden. Es ist von Vorteil, innerhalb der anzubindenden Segmente nicht alle Felder zu beschreiben, sondern nur die, die auch später in Auswertungen Verwendung finden werden. Sofern Felder zu einem späteren Zeitpunkt benötigt werden, können Adreßtafeln entsprechend ergänzt werden. Neben der Auslassung von Segmenten ist dies die zweite Möglichkeit der Laufzeitoptimierung und Erhöhung der Übersichtlichkeit/des Nachvollzugs.

Sofern zu einem Kontrollblock nicht alle zugehörigen Segmente bekannt sind, können diese über die SAP-Transaktion DDIN -Data Dictionary Info System- ermittelt werden.

In Anhang D werden alle nachfolgend behandelten Adreßtafeln lauffähig, d.h. mit Parameterleiste einschließlich einer Auswahl beschriebener Felder, dargestellt. Auf den Abdruck innerhalb dieses Textes wurde verzichtet, lediglich der Zugriff (Parameterleistendefinition) und das jeweilige Adreßtafelgerüst wird gezeigt.

---

[85] Vgl. SAP AG (Hrsg.): SAP-Dokumentation S12.2, a.a.O., S. 2-3.

3.1.3.4 Anzubindende Dateien

Abgeleitet aus 3.1.1 (Kritische Dateien) werden folgende für den erweiterten RM-Bereich bedeutsame Stammdatendateien beschrieben:

Datei	Kurzbeschreibung	beinhaltete Segmente
LIFA	Lieferanten (Kreditoren)	QLIFA, QLIFB, QLIFC
KUNA	Kunden (Debitoren)	QKUNA, QKUNB, QKUNC
MARA	Materialstamm	QMARA, QMARB, QMARC, QMARD
SKSA	Sachkontenstamm	QSKSA, QSKSB, QSKSC
ANLA	Anlagenstamm	QANLA
KOST	Kostenstellen	QKOST
KOLA	Kosten- und Leistungsarten	QKOLA

Tab. 2: Stammdatendateien

Außerdem sind folgende Bewegungs-/Belegdateien als Adreßtafeln zu definieren. Diese Basis-belegdateien bilden das Herzstück des laufenden Unternehmensgeschäftsablaufes.

Datei	Kurzbeschreibung	beinhaltete Segmente
ABEZ	Buchhaltungsbelege	QBKPF, QBSEG
KOEP	Kostenrechung Einzelposten	QKOEP
BANF	Bestellanforderungen	QBANF
BEST	Bestellungen	QBSBK, QBSPS
KONK	Rahmenbestellungen	QKONK, QKONP
AUFK	Aufträge	QAUFK, QAUFC, QAUFP, QAUFT

Tab. 3: Bewegungs-/Belegdateien

3.1.3.5 Besonderheiten der Key-Definition

Der Concatenated [86] Key ist der über alle Segmente zusammengesetzte Schlüssel[87] einer Datei, über den der Zugriff erfolgt. In der Parameterzeile wird die Schlüssellänge über alle benötigten Segmente genannt, zusätzlich das Format und die relative Satzadresse, an der der Schlüssel im ersten Segment (root) beginnt.

<u>Zu beachten ist:</u>

- Die Länge des Schlüssels ist bei Stammdateien (RSMAM) über alle beschriebenen Segmente anzugeben. Die Keyposition entspricht dem ersten Schlüsselfeld des ersten Segments. Wird ein verkürzter Schlüssel angegeben, kann nicht bis auf die unterste Ebene direkt zugegriffen werden.

- Bei Auslassen von Stammsegmenten muß ein um die Felder der ausgelassenen Segmente verkürzter Schlüssel angegeben werden.

- Bei Dateien, auf die über RFILE zugegriffen wird, kann auch ein verkürzter Schlüssel definiert werden. Als Schlüsselposition ist die Adresse des ersten Schlüsselfeldes anzugeben. Keiner der vordefinierten Schlüssel der Segmentbeschreibungen wurde in die entwickelten Adreßtafeln vorbehaltlos übernommen, doch lediglich bei denen, die erheblich von der Vordefinition abweichen, wird dies gesondert dargestellt. Die jeweilige Definition wird so gewählt, daß möglichst eine eindeutige Eingrenzung bis auf Einzelbelegebene möglich ist. Lediglich bei Belegdateien wird der Schlüssel z.T. erheblich gegenüber der SAP-Vordefinition gekürzt, da Belege im Rahmen der Auswertungs-/Plausibilitätsentwicklung fast ausnahmslos in einem bestimmten Nummerninterval lediglich sequentiell gelesen werden müssen (vgl. QKOEP).

- Es ist nicht möglich, Schlüssel zu verschieben, d.h. nur relevante Felder wie Belegnummer, Auftragsnummer etc. als Key zu definieren. Der Schlüssel muß gemäß ADABAS-Kontrollblock-Schlüsseldefinition beim Mandanten beginnen.

- Schlüsselfelder weisen nicht nur eine, sondern verschiedene Ausprägungen auf, diese müssen im Vorfeld erkannt und in den Zugriffsschlüssel integriert werden (siehe 4.3)

---

[86] CONCATENATION, engl., 'Verkettung'.
[87] Vgl. TON BELLER GMBH (Hrsg.): SIRON-Dokumentation "Datenbankzugriffe SAP 94.1(1)", a.a.O., S. DSA-050, 240ff.

3.2 Anbindungsdurchführung

3.2.1 Systematik

Die Anbindung der SAP-Dateien an SIRON muß systematisch erfolgen. Die Unterteilung in eine Grob- und Feinplanung ist von wesentlicher Bedeutung, um Fehler von vornherein auszuschließen.

Die Anbindung beinhaltet vorrangig die Definition des Zugriffs, d.h. die korrekte Generierung der Parameterleisten. Sofern diese vorliegen einschließlich der Definition der enthaltenen Segmente, ist die Anbindung erfolgreich.

Grobplanungsinhalte - Kriterien/Inhalte der Anbindung:

☐ Phase 1: Stammdatenanbindung

Der erste Schritt der Anbindungsdurchführung ist die Definition des Zugriffs auf Stammdateien. Der Zugriff wird jeweils über einen Kontrollblock geregelt, der auf eine physische Datei verweist.

☐ Phase 2: Beleg-/Bewegungsdatenanbindung

Im zweiten Schritt erfolgt die Anbindung der zuvor erwähnten Belegdateien. Die Kontrollblockdefinitionen regeln den Zugriff auf logische Dateien, da Belege im SAP-R/2-System physisch nur in einer Datenbank abgelegt werden. Die Bestimmung des Zugriffs erfolgt über Kontrollblöcke, die eine Sicht auf die physische ABEZ (Allgemeine Belegdatei) legen. Die Regelung der Schlüsselzugriffe erfolgt über die Sekundärindexdateien (siehe 3.2.3).

☐ Phase 3: Zugriffstest

Die unter 4. dargestellte Testumgebung soll als Mindestvoraussetzung gesehen werden, um nachhaltig den Zugriff auf alle definierten Dateien zu gewährleisten. Weiterhin ist diese Testumgebung auch auf alle späteren Anbindungen übertragbar, da sie auf alle wesentlichen Schritte, Einflußfaktoren und Problemfelder der Anbindung aufmerksam macht.

I. Feinplanungsinhalte für Stamm- und Belegdateien:

Die Adreßtafeldefinition ist sowohl für die Stamm- als auch für die Belegdateien nahezu identisch.

☐ Der erste Schritt ist die Bestimmung des jeweiligen ADABAS-Kontrollblocks und der Zugriffsmethode gemäß 3.1.2

☐ Abgeleitet aus den Segmentbeschreibungen ergeben sich die Zugriffsschlüssel aus einzelnen Feldern (Länge, Position) und die Gesamtlänge der zu beschreibenden Datei.

☐ Aus den zuvor genannten Punkten kann das Adreßtafelgerüst, bestehend aus Zugriffsdefinition (Parameterleiste) und Segmenteinbezug, dargestellt werden.

☐ Abschließend kann eine Auswahl von Feldern beschrieben werden. Dieses ist für die Anbindung nicht zwingend, jedoch für die Testumgebung erforderlich, somit sollte es zumindest teilweise bereits bei der Anbindung erfolgen. In Abhängigkeit von späteren Auswertungen sind Felder sukzessive aufzubauen.

II. Feinplanungsinhalte für den Zugriffstest:

Der Zugriffstest beinhaltet drei Teilabschnitte, die zur Beurteilung der korrekten Anbindung erforderlich sind.

☐ Alle Zugriffsschlüssel werden zur Optimierung des Zeitverhaltens/Abfrageperformance als Hexadezimalcode bestimmt. Hieraus resultiert die Möglichkeit, Nummernkreisintervalle auszuwählen und dadurch Abfragen nur über einen Teilbereich einer Datei laufen zu lassen. Dies bedingt eine schnellere Abfrageausführung und dadurch auch ein beschleunigtes Entwickeln der Reports.

☐ Weiterhin werden Testabfragen bereitgestellt für den

- Zugriff auf alle angebundenen Stammdateien
- Zugriff auf alle angebundenen Belegdateien
- Zugriff mit gemischter Dateiverarbeitung.

☐ Zuletzt müssen Abfrageergebnisse mit den Produktivdaten verglichen werden, um die Korrektheit der Abfragen und dadurch des Zugriffs zu überprüfen. Außerdem müssen SAP-spezifische Einflußfaktoren, die z.T. restriktiv auf die Anbindung wirken, mit in die Testumgebung einfließen.

3.2.2   Anbindung der Stammdateien / Schlüsselbestimmung Felder

Stammdateien werden vor den Belegdateien angebunden. Ausschlaggebend hierfür ist, daß auf Belegdateien z.T. erst fehlerfrei zugegriffen werden kann, wenn ein Schlüssel zumindest teilqualifiziert als Hexadezimalcode vorliegt (siehe auch 4.5). Bei Fehlen eines Aufsetzkeys geht SIRON automatisch von einem Schlüssel aus, der mit X'00' beginnt. Bei SWH-Dateien weist kein Datensatz im ersten Schlüsselfeld diesen Inhalt auf, so daß hier ein End of File (EOF) und ein Abbruch der Verarbeitung erfolgt.

Eine fehlende Füllung der ADABAS-Schlüsselfelder ist bei Belegen erkennbar, auf die über SDAM zugegriffen wird, da die Keydefinition über die Sekundärindexdatei der ABEZ erfolgt und somit durch die logische Sicht auf die physische ABEZ kein eigenständiger Schlüssel definiert ist. Die Bestimmung des Aufsetzkeys (zumindest der ersten Schlüsselfelder als Mindestbestimmung) sollte somit in der Ausgangslage über Stammdateien erfolgen, da auf diese auch sequentiell ohne Verwendung eines Schlüssels zugegriffen werden kann. Dies erleichtert die Zugriffsdefinition erheblich. **Die Anbindungsreihenfolge orientiert sich somit an der Vorgehensweise der Schlüsseldefinition und damit am späteren Zugriffstest.**

Die Adreßtafeldefinition der Stammdateien ist die erste Komponente der SAP-Anbindung an das SIRON-System zur DV-Auswertung des erweiterten RM-Bereiches. Stammdateien werden unabhängig vom eingesetzten DBMS durch die Zugriffsmethode SMAM (Segmented Master Access Method) oder RFILE bearbeitet.

Die zu beschreibenden Dateien werden angesprochen über:

Tafelname	File-Control-Block	Zugriffsmethode
MARA	MARA0MC	SMAM
LIFA	LIFA0MC	SMAM
KUNA	KUNA0MC	SMAM
KOST	KOST0AP	RFILE
KOLA	KOLA0AP	RFILE
SKSA	SKSA0MC	SMAM
ANLA	ANLA0MC	SMAM

Tab. 4: Zugriffsmethoden und Kontrollblocknamen der zu beschreibenden Stammdateien

Um einen korrekten Zugriff auf die Dateien/DB zu erhalten, müssen die Dateilängen, die sich aus den Einzelsegmentlängen ergeben, bestimmt werden.

Tafelname	Segmente	Segment-länge in Bytes	Gesamtlänge in Bytes
MARA	QMARA	1200	4300
	QMARB	700	
	QMARC	1800	
	QMARD	600	
LIFA	QLIFA	1000	2040
	QLIFB	460	
	QLIFC	580	
KUNA	QKUNA	900	2620
	QKUNB	1100	
	QKUNC	620	
KOST	QKOST	600	600
KOLA	QKOLA	4000	4000
SKSA	QSKSA	200	1100
	QSKSB	340	
	QSKSC	560	
ANLA	QANLA	3800	3800

Tab. 5: Dateilängenbestimmung Stammdateien

Die Kontrollblocknamen werden mit der SAP-Transaktion TM08 -Anzeigen Tabellen- über die Tabelle 032 -Datenbanksegmente ABAP- ermittelt.

Nach Vorliegen der jeweiligen Kontrollblöcke, Zugriffsmethoden und Dateilängen müssen die Schlüssel definiert werden, mit denen auf die Dateien direkt zugegriffen werden kann. Zunächst erfolgt das Bestimmen der jeweils beinhalteten Schlüsselfelder, der Schlüssellängen und der Positionen, an denen sie beginnen.

3.2.2.1 Materialstamm

Der Materialstamm enthält sämtliche Daten, die für die Beschreibung eines Materials notwendig sind. Im einzelnen bedeutet dies u.a. Angaben über

❏ Materialnummer, -art, -typ,-bezeichnung, -klasse

❏ Einheitengewicht, Mengeneinheit, Gefahrenklasse, ABC-Kennzeichen

❏ Daten über die Konstruktion sowie die zuständige Einkaufsorganisation

❏ Bestände, Preise

❏ Lagerkennzeichen, Bewertung, Inventurkennzeichen .

"Im SAP-Logistiksystem wird der Materialstamm für eine Vielzahl abteilungsspezifischer Funktionen genutzt" [88], so z.B. von der Bestellabwicklung, der Rechnungsprüfung, der Auftragsabwicklung und der Bedarfsplanung und Terminierung. Die folgende Tabelle gibt einen Überblick über die auf den Materialstamm häufig zugreifenden Abteilungen.

Abteilung	Einkauf	Bestands-führung	Rechnungs-prüfung	Vertrieb	Produktions-planung und -steuerung
Funktion	Bestellabwick-lung	Warenbewe-gungsbuchun-gen	Rechnungs-buchungen	Auftragsab-wicklung	Bedarfspla-nung, Termi-nierung
Aktivität	Einkaufsinfor-mationsver-waltung	Inventurab-wicklung	Preisände-rungen		Arbeitsvor-bereitung

Tab. 6: Materialstamm - Berührungspunkte mit unterschiedlichen Abteilungen [89]

Hieraus wird bereits ansatzweise deutlich, daß seiner Pflege für das Unternehmen eine elementare Rolle zukommt, zumal wichtige Verbindungen zum Umsystem bestehen [90] und wie bereits erwähnt hohe Summen investiert werden, um den laufenden Produktionsfluß aufrecht-zuerhalten.

---

[88] WENZEL, P., a.a.O., S. 211.

[89] In Anlehnung an WENZEL, P., a.a.O., S. 211.

[90] Als externes oder Umsystem werden die Umwelt, Umweltbeziehungen oder Rand-elemente von Systemen, hier die Beziehungen zu anderen Unternehmen, bezeichnet. Vgl. KOREIMANN, D. S., a.a.O., S. 14f.

Der Schlüssel der Materialstammdatei MARA setzt sich zusammen aus den Feldern:

Feldname	Kurzerklärung	Segm.	Format	Länge	rel. Satzadresse
MANDA	Mandant	MA	C	1	06
MAFIA	Master File ID	MA	C	1	07
IDNRA	Materialnummer	MA	C	18	08
BUKRB	Buchungskreis	MB	C	2	26
WERKC	Werk	MC	C	2	28
LGONR	Lagerort	MD	C	2	30
entspricht	**Key**		**C**	**26**	**06.**

Somit läßt sich die Parameterzeile darstellen.

HIN MARA MARA0MC SAP-SMAM PL 26 C 6 4300 V

Adreßtafelgerüst :

```
GENAT
LOE MARA
HIN MARA MARA0MC SAP-SMAM PL 26 C 6 4300 V
1    QMARA    S    1200
2    QMARB    S     700
3    QMARC    S    1800
4    QMARD    S     600
```

3.2.2.2 Kreditorenstamm

Um Lieferantenauswertungen durchführen zu können, ist es erforderlich, den Kredito-renstamm anzubinden. Die Kreditorenstammdatei LIFA beinhaltet u.a.

❏   Lieferantennummer, Branchenschlüssel, Name, Sitz der Unternehmung

❏   Lieferkonditionen, Bankverbindung, Zahlungsbedingungen, -moral

❏   Einkaufsgruppe, Gesamtumsatzwerte .

"Der Lieferantenstamm wird von der Finanzbuchhaltung und der Materialwirtschaft gemein-sam genutzt."[91] Wie der Materialstamm ist auch der Lieferantenstamm durch seine Berüh-rungspunkte mit dem Bestellwesen von großer Bedeutung. Alle Bestellvorgänge werden über diese Datei in Verbindung mit den unmittelbaren Bestelldateien abgewickelt.

---

[91] SAP AG (Hrsg.): System RM Funktionsbeschreibung Produktionsplanung und -steuerung, Einkauf, Materialwirtschaft, Rechnungsprüfung, Instandhaltung, a.a.O., S. 21.

Der Schlüssel setzt sich zusammen aus den Feldern:

Feldname	**Kurzerklärung**	**Segm.**	**Format**	**Länge**	**rel. Satzadresse**
MANDA	Mandant	KA	C	1	06
KTOAA	Kontoart	KA	C	1	07
KTNRA	Lieferantennummer	KA	C	8	08
BUKRB	Buchungskreis	KB	C	2	16
JAHRC	Geschäftsjahr	KC	C	4	18
entspricht Key			C	16	06.

Somit läßt sich die Parameterzeile darstellen.

HIN LIFA LIFA0MC SAP-SMAM PL 16 C 6 2040 V

Adreßtafelgerüst :

```
GENAT
LOE LIFA
HIN LIFA LIFA0MC SAP-SMAM PL 16 C 6 2040 V
1     QLIFA      S     1000
2     QLIFB      S      460
3     QLIFC      S      580
```

3.2.2.3 Debitorenstamm

Entsprechend dem Lieferantenstamm ist auch der Kundenstamm bedeutsam. Die Debitorenstammdatei KUNA beinhaltet u.a. Angaben über

❐   Kundennummer, Name, Sitz der Unternehmung

❐   Informationen über den Zahlungsverkehr, Auftragswerte, Jahresumsätze

❐   Informationen zur Preisfindung und Belieferung .

Während das dem Kerngeschäft zuzuordnende Klientel im IRD verwaltet wird, werden alle im Nebengeschäft abgewickelten Kunden in SAP abgebildet. Als Kerngeschäft der SWH ist

❐   Stromgewinnung und -versorgung der Bevölkerung im Versorgungsgebiet

❐   Gasverteilung

❐   Wassergewinnung und -verteilung

definiert, d.h. Abwicklung der Norm- und Sondertarifkunden.

Dem Nebengeschäft sind alle weiteren Geschäftsfelder zuzuordnen, so z.B. die Hausanschluß-
legung, Schadensabwicklung des Versorgungsnetzes, Kabelprojekte (z.B. für die Expo 2000).

Der Schlüssel der Datei KUNA setzt sich zusammen aus den Feldern:

Feldname	Kurzerklärung	Segm.	Format	Länge	rel. Satzadresse
MANDA	Mandant	DA	C	1	06
KTOAA	Kontoart	DA	C	1	07
KTNRA	Kundennummer	DA	C	8	08
BUKRB	Buchungskreis	DB	C	2	16
JAHRC	Geschäftsjahr	DC	C	4	18
entspricht Key			**C**	**16**	**06.**

Somit läßt sich die Parameterzeile darstellen.

```
HIN KUNA KUNA0MC SAP-SMAM PL 16 C 6 2620 V
```

Adreßtafelgerüst :

```
GENAT
LOE KUNA
HIN KUNA KUNA0MC SAP-SMAM PL 16 C 6 2620 V
1     QKUNA     S     900
2     QKUNB     S     1100
3     QKUNC     S     620
```

3.2.2.4 Kostenstellenstamm

"Die Kostenstellenrechnung ist das Basissystem eines modernen Kosten-, Erlös- und
Ergebniscontrolling." [92] "Die Kostenstelle ist ein genau abgegrenzter Bereich eines Unternehmens."[93]. Entsprechend stellen die "Kostenstellen [...] einen geschlossenen Verantwortungsbe-
reich dar". [94] Mit Hilfe des Kostenstellen- und Kostenartenstammes erreicht das System RK
"durch - vorgangsbezogene Verrechnungs- und Abrechnungsregeln und
        - periodische Abrechnungsvorschriften
ein kostenarten- und kostenstellenspezifisches Abbilden des betrieblichen Werteflusses."[95]

---

[92] SAP AG (Hrsg.): System RK Funktionsbeschreibung Kostenrechnung, Walldorf, 03/1993, S. 36.
[93] WENZEL, P., a.a.O., S. 141.
[94] Ebd., S. 172.
[95] SAP AG (Hrsg.): System RK Funktionsbeschreibung Kostenrechnung, a.a.O., S. 37.

Die Kostenstellendatei KOST als Basisdatei des RK-Systems beinhaltet Angaben über den

Kostenstellenstamm, darunter fallen u.a.

❒   Kostenstellennummer, Kostenstellentyp

❒   Profit-Center-/Werksklassifizierung

❒   Kostenstellenhierarchie, -verantwortlicher .

Der Schlüssel setzt sich zusammen aus den Feldern:

Feldname	**Kurzerklärung**	**Segm.**	**Format**	**Länge**	**rel. Satzadresse**
MANDK	Mandant	CA	C	1	06
MAFID	Master File ID	CA	C	1	07
BUKRS	Buchungskreis	CA	C	2	08
GJAHR	Geschäftsjahr	CA	C	4	10
WERKS	Werk	CA	C	2	14
KOSTL	Kostenstelle	CA	C	8	16
entspricht Key			**C**	**18**	**06.**

Somit läßt sich die Parameterzeile darstellen.

HIN KOST KOST0MC SAP-SMAM PL 18 C 6 600 V

Adreßtafelgerüst :

            GENAT
            LOE KOST
            HIN KOST KOST0MC SAP-SMAM PL 18 C 6 600 V
            1   QKOST   S   600

3.2.2.5 Kosten- und Leistungsartenstamm

"Die von den einzelnen Kostenstellen zu erstellenden Leistungen werden im RK-S

durch Leistungsarten definiert" [96]. "Viele Kostenstellen können heute über eine oder mehrere

Leistungsarten ihre Produktivität quantifizieren." [97] "Die Leistungsverrechnung innerhalb von

RK erfolgt durch Bewertung der Leistungsmengen mit dem in der Planung ermittelten

Kostensatz." [98] Die enge Verbindung zur Kostenstellendatei KOST und zur Sachkontendatei

---

[96] SAP AG (Hrsg.): System RK Funktionsbeschreibung Kostenrechnung, a.a.O., S. 41.
[97] Ebd., S. 66.
[98] Ebd.. S. 40.

SKSA zeigt die Notwendigkeit, auch diese Datei zu beschreiben.

Die Datei KOLA beinhaltet Angaben über Kosten- und Leistungsartenstammsätze, darunter fallen u.a. [99]

❏ die Verbindung zwischen den Kostenstellen, -arten und den Leistungen (Arten)

❏ Plan-/Istwerte (Leistung, Kapazität, Ausbringung, Kosten, Verbrauch)

❏ Abweichungsanalysewerte.

Sie besteht nur aus dem Segment KOLA der Länge 4000 mit einem 21-stelligen Schlüssel.

Zu beachten ist, daß der vordefinierte Schlüssel KOLKX mit 62 Stellen angegeben ist, diese Definition ist jedoch unzweckmäßig, eine Reduzierung auf 21 Stellen sollte erfolgen (siehe 3.1.3.5).

Bei der SWH wird die Leistungsverrechnung bisher erst angestrebt und somit noch nicht ausreichend gepflegt. Bei Nutzung kann es zu einem späteren Zeitpunkt notwendig sein, den Schlüssel um die Felder KSTAR (Kostenart), LSTAR (Leistungsart) und ULTAR (Unterleistungsart) zu erweitern, sofern detaillierte Kosten- und Leistungsverrechnungsauswertungen auf Kostenstellenbasis erwünscht sind.

Der Schlüssel setzt sich zusammen aus den Feldern:

Feldname	**Kurzerklärung**	**Segm.**	**Format**	**Länge**	**rel. Satzadresse**
MANDK	Mandant	KL	C	1	06
SATYO	Satztyp	KL	C	1	07
SATYM	Satztyp	KL	C	1	08
BUKRS	Buchungskreis	KL	C	2	09
GJAHR	Geschäftsjahr	KL	C	4	11
SATYP	Satztyp	KL	C	1	15
HIEKZ	Hierarchiekennung	KL	C	1	16
WERKS	Werk	KL	C	2	17
KOSTL	Kostenstelle	KL	C	8	19
entspricht Key			C	21	06.

Somit läßt sich die Parameterzeile darstellen.

HIN KOLA KOLA0MC SAP-SMAM PL 21 C 6 4000 V

---

[99] Vgl. SAP AG (Hrsg.): System R/2 Dokumentation (CDROM), Version 4.0 (R5.0), K04.2/01-02, Kostenstellenrechnung, Walldorf 1995.

Adreßtafelgerüst :

    GENAT
    LOE KOLA
    HIN KOLA KOLA0MC SAP-SMAM PL 21 C 6 4000 V
    1   QKOLA   S   4000

3.2.2.6 Sachkontenstamm

"Zentraler Begriff im Rechnungswesen ist das Sachkonto. Im SAP-System, als geschlossenem betriebswirtschaftlichen Gesamtmodell, werden alle Werteströme letztendlich über die Sachkonten abgewickelt."[100] Die Sachkontenstammdaten dienen zur Erfassung der Geschäftsvorfälle auf den Sachkonten und deren Verarbeitung. Alle Buchungen auf den Sachkonten werden gleichzeitig im Hauptbuch erfaßt bzw. fortgeschrieben. Der Kontenplan (Verzeichnis aller Sachkontenstammsätze) und die Kontengruppe nehmen dabei direkten Einfluß auf die SKSA[101]. Es sind u.a. Informationen enthalten über

❑   Sachkonten-, Kostenstellenzugehörigkeit

❑   Finanzplan-, BAB-Angaben

❑   monatliche Verkehrszahlen .

Der Schlüssel setzt sich zusammen aus den Feldern:

Feldname	Kurzerklärung	Segm.	Format	Länge	rel. Satzadresse
MANDA	Mandant	SA	C	1	06
KTOAA	Kontoart	SA	C	1	07
KTNRA	Sachkontennummer	SA	C	8	08
BUKRB	Buchungskreis	SB	C	2	16
JAHRC	Geschäftsjahr	SC	C	4	18
GSBER	Geschäftsbereich	SC	C	2	22
entspricht Key			**C**	**18**	**06.**

Somit läßt sich die Parameterzeile darstellen.

    HIN SKSA SKSA0MC SAP-SMAM PL 18 C 6 1100 V

---

[100] SAP AG (Hrsg.): System RK Funktionsbeschreibung Kostenrechnung", a.a.O. , S. 30.
[101] Vgl. WENZEL. P.. a.a.O.. S. 97.

Adreßtafelgerüst :

```
GENAT
LOE SKSA
HIN SKSA SKSA0MC SAP-SMAM PL 18 C 6 1100 V
1     QSKSA     S     200
2     QSKSB     S     340
3     QSKSC     S     560
```

3.2.2.7 Anlagenstamm

"Die Bedeutung des Anlagevermögens kann in vielen Unternehmen schon aus den veröffentlichten Bilanzen und Investitionssummen abgeleitet werden."[102] Darüber hinaus ergibt sich auch aus handels- und steuerrechtlichen Aspekten ein Handlungsbedarf, eine Anlagenstammverwaltung aufzubauen. Auch durch die Verbindungen zu anderen Bereichen wie z.B. dem Einkauf, der Finanzbuchhaltung und der Kostenrechnung wird die zentrale Rolle der Anlagenbuchhaltung deutlich [103]. "Der Anlagenstammsatz setzt sich zusammen aus den Allgemeinen Stammdaten und den Angaben zur Bewertung der Anlage." [104] Die Anlagenstammdatei ANLA beinhaltet u.a. folgende Angaben:

❏   Bezeichnung, Mengen-, Kontierungsangaben, Buchungsinformationen

❏   Anlagenklasse, Hauptbuchkonto, Investitionsschlüssel, Kostenstelle

❏   Lieferant, letzte Bestellnummer, freigegebener Investitionsbetrag

❏   Angaben über Anschaffungswerte, Abschreibungsbeträge,

       kalkulatorische Zinsen und Abschreibungen, Inventarnummer .

Der Schlüssel setzt sich zusammen aus den Feldern:

Feldname	Kurzerklärung	Segm.	Format	Länge	rel. Satzadresse
MANDA	Mandant	A	C	1	06
KTOAA	Kontoart	A	C	1	07
BUKRS	Buchungskreis	A	C	2	08
ANLN0	Anlagennummer	A	C	3	10
ANLN1	Anlagenhauptnr.	A	C	8	13
entspricht Key			C	15	06.

---

[102] SAP AG (Hrsg.): System RA Funktionsbeschreibung Anlagenbuchhaltung, Walldorf, 03/1986, S. 3.
[103] Vgl. ebd., S. 2.
[104] WENZEL, P., a.a.O., S. 149.

Somit läßt sich die Parameterzeile darstellen.

> HIN ANLA ANLA0MC SAP-SMAM PL 18 C 6 3800 V

Adreßtafelgerüst :

```
GENAT
LOE ANLA
HIN ANLA ANLA0MC SAP-SMAM PL 18 C 6 3800 V
1    QANLA    S    3800
```

Nach Anbindung der Stammdateien muß die Verbindung zu den Einzelnachweisen geschaffen werden. Ein Lieferant kann z.b. innerhalb eines bestimmten Zeitraumes mehrere Bestellungen erhalten und Material geliefert haben, somit muß bei Auswertung dieses Kreditors eine Liste mit der gesamten Lieferhistorie bis zur Einzelposition ausgegeben werden können.

Die Verbindung erfolgt über die Anbindung der Beleg-/Bewegungsdateien.

3.2.3   Anbindung der Belegdateien / Schlüsselbestimmung Felder

Die zweite Komponente der SAP-Anbindung ist die Durchführung der Adreßtafelde-finition der SAP-Belegdateien. "Die Bewegungsdaten (Belege) der einzelnen SAP-Anwendungen werden durch logische Datenbanken beschrieben und verwaltet. Die physische Abspeicherung der Belege erfolgt jedoch in einer einzigen Datenbank, die sich aus den Dateien

❏   ABEZ   Belegdatei zur Abspeicherung der Belege

❏   ABMI   Beleg-Masterindex-Datei zur Verbindung der Belegnummern und der Belege in der Datei ABEZ

❏   ABIB   Sekundärindex-Datei zur Verbindung der fortgeschriebenen Konten mit dem Beleg in der Datei ABEZ

❏   SYSV   Nummernkreisdatei zur Vergabe der Belegnummer

zusammensetzt" [105]. "Ein Beleg zerfällt typischerweise in

❏   einen Belegkopf mit allgemeinen Informationen und

❏   eine oder mehrere Belegpositionen, die in Form von Belegsegmenten im Beleg ge-speichert werden." [106]

---

[105] SAP AG (Hrsg.): SAP-Dokumentation S12.2, a.a.O., S. 4-3.
[106] Ebd., S. 4-4.

Auf Belege wird unabhängig vom eingesetzten DBMS durch die Zugriffsmethode SDAM (Segmented Document Access Method) oder RFILE zugegriffen. "Die Definition logischer Belegdatenbanken ist wegen der Abspeicherung unterschiedlicher Belegtypen in einer Datei (Finanzbuchhaltungsbelege, Aufträge, Bestellungen, usw.) erforderlich." [107] Aber obwohl Belege eine Datenbankstruktur - Rootsegment und untergeordnete Segmente - aufweisen, wird auf die physische Realisierung jedes Belegtyps als eigenständige Datenbank aufgrund ungünstiger Performance verzichtet [108].

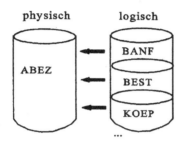

Abb. 6: Zugriff auf Belege

Die ADABAS-Kontrollblöcke definieren somit lediglich logische Sichten auf die physische Belegdatei.

Die zu beschreibenden Dateien werden angesprochen über:

Tafelname	File-Control-Block	Zugriffsmethode
ABEZ	ABEZ0AC	SDAM
KOEP	KOEP0AP	RFILE
BANF	BANF0AP	RFILE
BEST	BEST0AC	SDAM
KONK	KONX0AP	RFILE
AUFK	AUFK0AC	SDAM

Tab. 7: Zugriffsmethoden und Kontrollblocknamen der zu beschreibenden Belegdateien

---

[107] SAP AG (Hrsg.): SAP-Dokumentation S12.2, a.a.O., S. 4-3.
[108] Vgl. ebd., S. 4-4.

Um einen korrekten Zugriff auf die Dateien zu erhalten, müssen auch hier die Dateilängen
bestimmt werden.

Tafelname	Segmente	Segement-länge in Bytes	Gesamtlänge in Bytes
ABEZ	QBKPF	250	3650
	QBSEG	3400	
KOEP	QKOEP	800	800
BANF	QBANF	500	500
BEST	QBSBK	980	2410
	QBSPS	1430	
KONK	QKONK	1780	1780
	QKONP		siehe 3.2.3.5
AUFK	QAUFK	400	2250
	QAUFC	1850	
	QAUFP		
	QAUFT		siehe 3.2.3.6

Tab. 8: Dateilängenbestimmung Belegdateien

3.2.3.1 Allgemeine Belegdatei

Die Allgemeine Belegdatei ABEZ beinhaltet Informationen über alle Buchhaltungsein-
zelbelege, darunter fallen u.a. Angaben über

❑ Verbindung zur Hauptbuchhaltung (Bestell-/Kundennummer, Hauptkonto etc.)

❑ Beträge / Mengen jedes einzelnen Belegs.

Der Schlüssel setzt sich zusammen aus den Feldern:

Feldname	Kurzerklärung	Segm.	Format	Länge	rel. Satzadresse
MANDT	Mandant	BK	C	1	11
BUKRS	Buchungskreis	BK	C	2	12
BELNR	Belegnummer	BK	C	8	14
entspricht Key			**C**	**11**	**11.**

Somit läßt sich die Parameterzeile darstellen.

HIN ABEZ ABEZ0AC SAP-ABMI PL 11 C 11 3650 V

Adreßtafelgerüst:

GENAT
LOE ABEZ
HIN ABEZ ABEZ0AC SAP-ABMI PL 11 C 11 3650 V
1   QBKPF   S   250
2   QBSEG   S   3400

3.2.3.2 Kostenstellen Einzelposten

Die Datei KOEP beinhaltet Kostenrechnungseinzelposten. Hier sind u.a. Informationen enthalten über

☐   die Verbindung zwischen Aufträgen, der Kostenrechnung (Kostenstelle, Auftragsnummer, Anlagenhauptbuch, Kundenauftrag etc.) und der Materialwirtschaft

☐   Verrechnungswerte / -mengen .

Die Einzelposten resultieren aus den Belegen der betrieblichen Auftragsvorgänge. [109] Sie werden bei jeder Ist-Buchung in die Datei KOEP geschrieben, so daß jederzeit ein detaillierter Istkosten- und Herkunftsnachweis gewährleistet ist. [110] Wesentliche Elemente, d.h. Qualifikationskriterien innerhalb des RK-Systems bzw. der KOEP sind die Kostenstellen- und die Auftragsnummer. Die Einzelpostendatei bildet die Schnittstelle zur Finanzbuchhaltung und anderen vorgelagerten Anwendungen. [111] Somit bilden sie die unterste Stufe des RK-Auftrags.[112] Der KOEP-KEY mit der Länge 60 ab Position 6 wird gemäß 3.1.3.5 auf 18 Stellen redefiniert, da auch hier ähnlich der KOLA ein 60-stelliger Schlüssel unzweckmäßig ist.

---

[109] Vgl. SAP AG (Hrsg.): System R/2 Dokumentation (CDROM), Version 4.0 (R5.0), K04.2/22, Datenbankauswertung 1, Walldorf 1995.
[110] Vgl. SAP AG (Hrsg.): System R/2 Dokumentation (CDROM), Version 4.0 (R5.0), K04.2/04, Grundlagen der Auftragsverwaltung, Walldorf 1995.
[111] Vgl. SAP AG (Hrsg.): System R/2 Dokumentation (CDROM), Version 4.0 (R5.0), K04.2/22, Datenbankauswertung 1, Walldorf 1995.
[112] Vgl. SAP AG (Hrsg.): System R/2 Dokumentation (CDROM), Version 4.0 (R5.0), K04.2/04, Grundlagen der Auftragsverwaltung, Walldorf 1995.

Der Schlüssel der KOEP setzt sich zusammen aus den Feldern

Feldname	Kurzerklärung	Segm.	Format	Länge	rel. Satzadresse
MANDT	Mandant	KE	C	1	06
BUKRS	Buchungskreis	KE	C	2	07
GJAHR	Geschäftsjahr	KE	C	4	09
SATYP	Satztyp	KE	C	1	13
WERKS	Werk	KE	C	2	14
KOSTL	Kostenstelle	KE	C	8	16
entspricht Key			**C**	**18**	**06.**

Somit läßt sich die Parameterzeile darstellen.

HIN KOEP KOEP0AP SAP-FILE PL 18 C 6 800 V

Adreßtafelgerüst :

```
GENAT
LOE KOEP
HIN KOEP KOEP0AP SAP-FILE PL 18 C 6 800 V
1       QKOEP   S       800
```

3.2.3.3 Bestellanforderungen

"Eine Bestellanforderung ist die Aufforderung an den Einkauf, ein bestimmtes Material oder eine bestimmte Dienstleistung

❏   in einer bestimmten Menge

❏   zu einem bestimmten Zeitpunkt

zu beschaffen."[113] Sie legt den Beginn eines Beschaffungszyklus fest. "Bestellanforderungen („BANF") sind interne Belege, die einen Bedarf definieren und den Einkauf veranlassen, eine Bestellung zu erzeugen oder einen Rahmenvertrag mit einem Lieferanten zu schließen." [114] Durch die Verbindung zur Materialwirtschaft und zum Lieferanten wird die Bedeutung des Einkaufs/Bestellwesens deutlich

---

[113] SAP AG (Hrsg.): System RM Funktionsbeschreibung Produktionsplanung und -steuerung, Einkauf, Materialwirtschaft, Rechnungsprüfung, Instandhaltung, a.a.O., S. 161.

[114] WENZEL, P., a.a.O., S. 224.

Vgl. auch EULER, K. A. (1992), a.a.O., S. 18.

"Die Bestellanforderungsdatei bildet somit die Schnittstelle zwischen Einkauf und Disposition im System RM." [115]

Die Datei BANF beinhaltet Bestellanforderungssätze. Hier sind u.a. Informationen enthalten über

❏   die Verbindung zwischen der Bestellanforderung und der Materialwirtschaft

       (Materialnummer, Lager, Einkaufsgruppe, Kennzeichen der Kostenverrechnung etc.)

❏   Anforderungsmengen, Überwachungskennzeichen/Freigabe .

Der Schlüssel setzt sich zusammen aus den Feldern:

Feldname	**Kurzerklärung**	**Segm.**	**Format**	**Länge**	**rel. Satzadresse**
MANDA	Mandant	E1	C	1	06
MAFID	Master File ID	E1	C	1	07
BUKRS	Buchungskreis	E1	C	2	08
WERKS	Werk	E1	C	2	10
MATNR	Materialnummer	E1	C	18	12
BANFN	Bestellanf.nummer	E1	C	8	30
entspricht Key			**C**	**32**	**06.**

Somit läßt sich die Parameterzeile darstellen.

HIN BANF BANF0AC SAP-FILE PL 32 C 6 500 V

Adreßtafelgerüst :

       GENAT
       LOE BANF
       HIN BANF BANF0AC SAP-FILE PL 32 C 6 500 V
       1   QBANF   S   500

3.2.3.4 Bestellungen

       "Eine Bestellung ist eine rechtlich wirksame Willenserklärung, die einen Lieferanten auffordert, die bestellten Güter zu festgelegten Bedingungen zu liefern" [116], somit also die direkte Verbindung vom Einkäufer zum Beschaffungsmarkt. "Die Daten einer Bestellung

---

[115] SAP AG (Hrsg.): System RM Funktionsbeschreibung Produktionsplanung und -steuerung, Einkauf, Materialwirtschaft, Rechnungsprüfung, Instandhaltung, a.a.O., S. 162.
[116] WENZEL, P., a.a.O., S. 250.

kommen [...] aus dem Lieferantenstammsatz, den Materialstammsätzen, dem Kontrakt, [...]
der Bestellanforderung oder den Anfragen"[117], was die wichtige Rolle innerhalb dieser
Betrachtung zeigt und die Wahl der ausgewählten o.a. Dateien unterstreicht.

Die Bestelldatei BEST beinhaltet Bestellsätze. Hier sind u.a. Informationen enthalten über

❏   Bestellnummer, Material, Einkaufsgruppe, Lieferantendaten

❏   Liefertermin, Lieferbedingungen

❏   Mengen, Gewichte, Preise, Auftragsnummer, Kundennummer .

Der Schlüssel setzt sich zusammen aus den Feldern:

Feldname	**Kurzerklärung**	**Segm.**	**Format**	**Länge**	**rel. Satzadresse**
MANDT	Mandant	EK	C	1	06
BSTYP	Bestelltyp	EK	C	1	07
BUKRS	Buchungskreis	EK	C	2	08
BSTNR	Bestellnummer	EK	C	8	10
entspricht Key			**C**	**12**	**06.**

Somit läßt sich die Parameterzeile darstellen.

HIN BEST BEST0AC SAP-FILE PL 12 C 6 2410 V

Adreßtafelgerüst :

    GENAT
    LOE BEST
    HIN BEST BEST0AC SAP-FILE PL 12 C 6 2410 V
    1   QBSBK   S   980
    2   QBSPS   S   1430

3.2.3.5 Rahmenbestellungen

"Rahmenbestellungen sind längerfristige Vereinbarungen mit Lieferanten, bestimmte
Materialien zu festgelegten Konditionen zu liefern." [118] Rahmenbestellungen sind die zweite
Komponente des Bestellwesens nach der Bestelldatei BEST. Ziel bei Rahmenvereinbarungen
ist es, entweder bis zum Erreichen einer bestimmten Abnahmemenge oder einer bestimmten

---

[117] SAP AG (Hrsg.): System RM Funktionsbeschreibung Produktionsplanung und -steuerung, Einkauf,
     Materialwirtschaft, Rechnungsprüfung, Instandhaltung, a.a.O., S. 176.
[118] WENZEL, P., a.a.O., S. 254.

Wertgrenze zu liefern. Der inhaltliche Aufbau entspricht der Bestelldatei BEST.

Der Schlüssel setzt sich zusammen aus den Feldern:

Feldname	Kurzerklärung	Segm.	Format	Länge	rel. Satzadresse
MANDT	Mandant	EX	C	1	06
BSTYP	Bestelltyp	EX	C	1	07
BUKRS	Buchungskreis	EX	C	2	08
KTRNR	Bestellnummer	EX	C	8	10
entspricht Key			C	14	06.

Da das Segment QKONP nicht von QKONK abhängig ist, sondern beide Segmente hierarchisch auf einer Stufe stehen, ist die Länge des längsten Segments als Dateilänge anzugeben. Somit läßt sich die Parameterzeile darstellen.

> HIN KONK KONX0AP SAP-FILE PL 12 C 6 1780 V

Bei der Rahmenvertragsdatei zeigt sich eine Besonderheit der mehrsegmentigen Dateien, die über RFILE angesprochen werden. Es besteht keine hierarchische Abhängigkeit der beiden Segmente, vielmehr werden Kopf- und Positionsbereiche hintereinander geschrieben.

Der Aufbau der Datei KONK entspricht folgendem Schema:

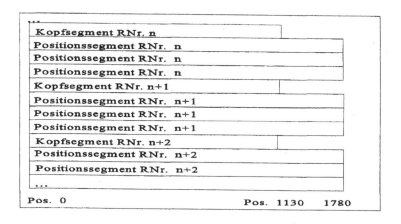

Abb. 7: Speicherung über RFILE - KONK

Entsprechend müssen in Abhängigkeit des Feldes SEGID unterschiedliche Felderdefinitionen herangezogen werden für Sätze eines Vertrags. Für den Belegkopf ergibt sich der SEGID-Wert 'X', für die Positionen der Wert 'Y'. Die Felderdefinition der Positionen muß wiederum wie die des Kopfes bei Position 0 beginnen. Dieses wird erreicht mit der Angabe NEU 0 für QKONP. Das Adreßtafelgerüst läßt sich somit folgendermaßen definieren:

```
GENAT
LOE KONK
HIN KONK KONX0AP SAP-FILE PL 12 C 6 1780 V
1   QKONK   S   1780
2   QKONP           ; NEU 0                          längstes Segment, 1780
```

Um eine Kollision der Segmentbeschreibungen zu vermeiden, ist es notwendig in Abhängigkeit der Segment-ID auszuwerten. Entsprechend muß eine Abfrage folgenden Aufbau aufweisen:

Abfrage	**Erklärung**
HOLE KONK	Datei lesen bis EOF
VON X'01D2'	Zugriff aller Belege
BIS X'01D2'	des Mandanten
WENN SEGID = 'X'	Wenn Kopfsegment,
DANN	dann Ausgabe der
LISTE (RAHNR, KTRPO, EKGRP, ABTEI)	entsprechenden
ENDE-WENN	Felder
WENN SEGID = 'Y'	Wenn Positionssegment,
DANN	dann entsprechend
	andere Felderdefinition
...	heranziehen
ENDE	

3.2.3.6 Aufträge

"Das betriebliche Auftragswesen stellt im Rahmen jeder Unternehmenssteuerung ein unverzichtbares Instrument dar. Jeder Auftrag zeichnet sich dabei durch einen ganz konkreten operationalen Bezug aus. Das bedeutet, daß sich Aufträge in der Regel sehr detailliert planen, kontrollieren und abrechnen lassen müssen."[119] Der RK-Auftrag ist eines der zentralen Objekte zur Abwicklung des Kundenauftrags aus Sicht des Rechnungswesens[120]. Bei der Auftragsverwaltung ergibt sich eine große Anzahl von Daten, so daß die Speicherung wie bereits erwähnt nach SAP-Belegtechnik physisch in der ABEZ erfolgt. Pro Auftrag wird ein Beleg an-

---

[119] SAP AG (Hrsg.): System RK Funktionsbeschreibung Kostenrechnung, a.a.O., S. 95.
[120] Vgl. ebd., S. 102.

gelegt, der aus bis zu 99 Auftragspositionen bestehen kann. "Durch das Einführen von Positionen ist es möglich, einen Auftrag in fertigungstechnisch orientierte Unteraufträge zu gliedern." [121]

Der Schlüssel der Auftragsdatei AUFK setzt sich zusammen aus den Feldern:

Feldname	**Kurzerklärung**	**Segm.**	**Format**	**Länge**	**rel. Satzadresse**
MANDT	Mandant	OR	C	1	11
BUKRS	Buchungskreis	OR	C	2	12
WERKS	Werk	OR	C	2	14
AUFNR	Auftragsnummer	OR	C	8	16
entspricht	**Key**		C	13	11.

Somit läßt sich die Parameterzeile darstellen.

> HIN AUFK AUFK0AC SAP-ABMI PL 13 C 11 2250 V

Die Länge der Datei entspricht der Summe der Kopfsegmentlänge und der Länge des größten abhängigen Segments (QAUFC). Bei der Auftragsdatei zeigt sich die Besonderheit des Aufbaus von SDAM-Belegdateien. Die zuvor beschriebenen bestanden jeweils nur aus maximal zwei Segmenten, einem Kopf- und einem Belegsegment, während die Auftragsdatei aus vier Segmenten besteht. Der Aufbau entspricht folgendem Schema [122]:

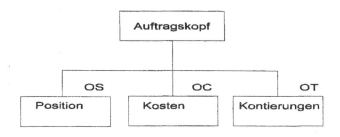

Abb. 8: Belegsegmentaufbau der AUFK allgemein

---

[121] SAP AG (Hrsg.): System R/2 Dokumentation (CDROM), Version 4.0 (R5.0), K04.2/22, Datenbankauswertung 1, Walldorf 1995.
[122] Vgl. auch SAP AG (Hrsg.): System RK Funktionsbeschreibung Kostenrechnung, a.a.O., S. 109.

Speicherungsfolge:

Zuerst wird ein Positionssatz zur ersten Position gespeichert (QAUFP), diesem kann ein oder mehrere Kostensegmente (QAUFC) folgen. Als Abschluß wird ein Buchungsregelsatz (QAUFT) gespeichert. Dieser Aufbau vollzieht sich iterativ für jeden weiteren Auftrag. Für die Definition der Adreßtafel muß das längste abhängige Segment und das Kopfsegment herangezogen werden, es ergibt sich die Dateilänge 2250 (QAUFK + QAUFC).

Der Aufbau der Datei AUFK entspricht somit folgendem Schema:

...	
Aufnr. n Pos. m Kopf	Position
Aufnr. n Pos. m Kopf	Kosten
Aufnr. n Pos. m Kopf	Kosten
Aufnr. n ...	
Aufnr. n Pos. m Kopf	Buchungsregel
Aufnr. n Pos.m+1 Kopf	Position
Aufnr. n Pos.m+1 Kopf	Kosten
Aufnr. n Pos.m+1 Kopf	Kosten
Aufnr. n ...	
Aufnr. n Pos.m+1 Kopf	Buchungsregel
...	
Aufnr. n+1 Pos. m Kopf	Position
Aufnr. n+1 Pos. m Kopf	Kosten
...	
Aufnr. n+1 Pos. m Kopf	Buchungsregel
...	

Pos. 400

Abb. 9: Aufbau eines Auftrags in der AUFK

Es zeigt sich, daß die Datei nicht durchgängig gleich aufgebaut ist, sondern in Abhängigkeit des jeweiligen Segmentes unterschiedliche Felderdefinitionen bestehen, die in der Adreßtafel abgebildet werden müssen. Die abhängigen Segmente sind somit auf einer hierarchischen Ebene, das Unterscheidungskriterium, welche Felderdefinition herangezogen werden muß, sind die Felder AUFAC / AUFAP / AUFAT ab Position 5, im weiteren SEGART genannt.

Diese Position im DS liefert inhaltlich als Unterscheidungsmerkmal,

☐ sofern ein Positionssegment vorliegt, ein 'S'

☐ sofern ein Kostensegment vorliegt, ein 'C'

☐ sofern ein Buchungsregelsegment vorliegt, ein 'T' .

In Abhängigkeit dieses Wertes kann die richtige Felddefinition herangezogen werden.

Abfrage	**Erklärung**
HOLE AUFK	Datei lesen bis EOF
VON X'01F0F1'	Zugriff aller Belege
BIS X'01F0F1'	des Buchungskreises
WENN SEGART = 'S'	Wenn Positionssegment,
DANN	dann Ausgabe der
LISTE (AUFNR, POSNR, TXTZ1)	entsprechenden
ENDE-WENN	Felder
WENN SEGART = 'C'	Wenn Kostensegment,
DANN	dann entsprechend
...	andere Felderdefinition
ENDE	usw.

Für die Adreßtafeldefinition ergibt sich ein ähnliches Vorgehen wie bei der Rahmenvertrags- datei, lediglich die Position der Redefinition ist nicht identisch. Die Segmente QAUFC, QAUFP und QAUFT werden über NEU 400 auf Position 400 redefiniert, so daß die ent- sprechenden Felderdefinitionen der Segmente greifen.

Adreßtafelgerüst :

```
GENAT
LOE AUFK
HIN AUFK AUFK0AC SAP-ABMI PL 13 C 11 2250 V
1    QAUFK    S    400
2    QAUFC    S    1850   ; NEU 400            ab Position 400
2    QAUFP              ; NEU QAUFC            "
2    QAUFT              ; NEU QAUFC            "
```

Um zu selektieren, sollten bei einfachen Abfragen nur Kriterien aus dem Kopf gewählt wer- den, für Kriterien aus den anderen Segmenten ist SIRON-interne Tabellenverarbeitung not- wendig. Hier zeigt sich, daß die Bearbeitung z.T. schwieriger ist, als die Auswertung der RFILE-Rahmenvertragsdatei, die aus lediglich zwei Segmenten besteht, jedoch besteht prinzipiell eine identische Problematik über die Felder SEGID / SEGART.

Nach Definition der Parameterleisten aller anzubindenden Dateien und Beschreibung aller zugehörigen Segmente ist die Anbindung vollzogen.

Mit den vorliegenden Adreßtafeln gemäß Anhang D kann nach erfolgreicher Anbindung gearbeitet werden.

Die Notwendigkeit, auch andere SAP-Module anzubinden, bleibt unbestritten, jedoch wird gerade durch die Anbindung des erweiterten RM-Bereiches ein kritisches betriebswirtschaftliches Feld abgedeckt.

Weiterhin ist es erforderlich, daß nicht nur Wert gelegt wird auf die Anbindung von Stamm- und Belegdateien, um dolose Geschäftsvorgänge aufzudecken. Vielmehr müssen u.a. auch

☐ Steuerungsdateien wie die Protokoll- und die Berechtigungsdatei angebunden werden, um das DV-Sicherheitskonzept auszubauen und Schwachstellen/Mißstände nachhaltig zu unterbinden,

☐ Änderungsbelegdateien angebunden werden, um Geschäftsvorgänge nachvollziehen zu können, d.h. die Historie von Geschäftsvorfällen zu durchleuchten (z.B. Bestell- und Auftragsentwicklung).

4. Zugriffstest

Die Informationen, die bei Auswertungen gewünscht werden, liegen in unterschiedlichen Dateien. Es ist nicht ausreichend, den Zugriff auf einzelne zu prüfen, vielmehr muß auch sichergestellt sein, daß das Mischen/Zusammenführen verteilter Daten möglich ist. Es darf außerdem nicht übersehen werden, daß zur Laufzeitoptimierung verschiedene Möglichkeiten des Zugriffs gegeben sind.

<u>Möglichkeiten des Lesezugriffs u.a.</u>[123]:

❒   sequentielles Lesen

❒   Lesen über Aufsetzschlüssel

❒   Lesen über Vorlaufdateien

Beispielsweise belastet das sequentielle Abarbeiten der kompletten Allgemeinen Belegdatei ABEZ durch das große Datenvolumen den Rechner/die CPU so stark, daß unter Umständen mit Job-Laufzeiten von mehr als drei Stunden bei einer Abfrage <u>ohne</u> Sortierung gerechnet werden kann. Dieses schlägt sich nicht nur auf den Zugriff anderer Nutzer nieder - deren Antwortzeiten können erheblich geringer ausfallen - , vielmehr wird im Fall einer RZ-Leistungsverrechnung ein nicht unerheblicher Betrag zu Buche schlagen.

Gemäß 3.2.1 kann die Testumgebung grob in folgende Phasen unterteilt werden:

❒   Phase 1: Stammdatenzugriffstest: Inhalte sind die Schlüsselbestimmung im Hexadezimalcode und die Überprüfung der Abfragen durch Andruck von Produktivdaten und Vergleich mit SAP

❒   Phase 2: Belegdatenzugriffstest entsprechend Phase 1

❒   Phase 3: gemischte Verarbeitung: Anhand eines Beispiels wird gezeigt, wie die gemeinsame Verarbeitung von Stamm- und Belegdaten erfolgt.

❒   Phase 4: Einbezug von SAP-Tabellen und Erläuterung der z.T. restriktiven Wirkung auf die Anbindung

---

[123] Vgl. TON BELLER GMBH (Hrsg.): SIRON-Dokumentation "Datenbankzugriffe SAP Version 94.(1)", a.a.O., S. DSA240ff.

<u>Feinplanung der Testumgebung</u>:

□   sequentielles Lesen: Andruck von Testsätzen im Hex.-Code: siehe Anhang E

         Es werden jeweils die ersten 100 Zeichen eines Produktiv-
satzes für jede beschriebene Adreßtafel dargestellt, um den
Schlüssel im Hexadezimalcode zu bestimmen.

□   Schlüsselbestimmung im Hexadezimalcode

         Andruck aller Zugriffsschlüssel und detaillierter Aufbau

□   Schlüsseltest/Direktzugriff: Laufzeitoptimierte Abfragen: siehe Anhang F

         Testabfragen mit Schlüsselvoll- und -teilqualifizierung einschließ-
lich Ausschnitt von Ergebnissen dieser Abfragen

□   Mischen von Stamm- und Belegdateien: siehe Anhang G

         Beispiel eines Auswertungsalgorithmus einer Belegdatei mit
Zulesen von Stammsätzen

<u>Ergebnistest</u>:

Die Ergebnisse der Testabfragen müssen korrekt und vollständig sein. Um diesen Ansprüchen
gerecht zu werden, genügt nicht nur ein einfacher Zugriffstest, vielmehr müssen die Ergebnisse mit SAP-Produktivdaten verglichen werden, um sicherzugehen, daß die Anbindung erfolgreich verlief. Es müssen also Einzelergebnisse in SAP überprüft werden. Als Beispiel kann hier
der Andruck von Jahresumsätzen von Lieferanten (LIFA) über die Transaktion TS20 - Lie-
ferantenverkehrszahlen - genannt werden.

**Die in den Anhängen aufgeführten Produktivdaten (Ergebnisübersicht) sind z.T. verfälscht
(z.B. Jahresumsätze, interne Verrechnungspreise etc.). Dies ist für die Betrachtung jedoch
nebensächlich, da lediglich ein Schabloneneffekt erzielt werden soll, mit dem es möglich ist,
in anderen Unternehmen erzielte Ergebnisse zu vergleichen.**

4.1   Einzubeziehende SAP-Tabellen

Das SAP-System ist in der Lage, Konzernstrukturen sehr detailliert abzubilden. Hierzu sind organisatorische Maßnahmen eingerichtet worden, die es ermöglichen, in der Buchhal-
tung Belege den unterschiedlichen Teilsystemen (Tochterunternehmen, Sparten, Produktions-
stätten) eindeutig zuzuordnen. Der Mandant steht hier in der Hierarchie ganz oben, er
kennzeichnet die oberste Hierarchieebene, den Konzern.

Unmittelbar darunter erfolgt die Abbildung selbständig bilanzierbarer Einheiten über die Buchungskreise (BK) [124]. Auch diese lassen sich noch weiter unterteilen in Werke (WK) bzw. Geschäftsbereiche (GB), wobei die Anwendung unternehmensspezifisch erfolgen kann [125]. Bei der SWH ist der Mandant 01 der SWH-Konzern, über den Buchungskreis werden die Tochter- bzw. Beteiligungsgesellschaften dargestellt.

Im Jahr 1995 erfolgte eine Umstrukturierung der Technischen Direktion. Diese hatte Auswirkungen auf die weitere hierarchische Unternehmensabbildung.

Vor der Umstrukturierung wurde das Unternehmen Stadtwerke (BK 01) in mehrere Werke unterteilt, diese gaben grob eine Struktur gegliedert nach Standorten wieder. Sofern einzelne Werke eine weitere Unterteilung benötigten, wurde dies über den Lagerort realisiert.

Mandant 01 - Standtwerke Hannover AG - Konzern -

Buchungskreise

01	Stadtwerke Hannover AG
03	Gasspeicher Hannover GmbH Empelde
05	Gemeinschaftskraftwerke Hannover GmbH

Werke des Buchungskreises 01

BK	WK	LG	Bezeichnung
01	01		Elektrizitätswerk
01	02		Gaswerk
01	03		Wasserwerk
01	04		Fernwärme
01	09		Kraftfahrzeuge
01	10		Hauptverwaltung
01	20		Standort Ricklingen
01	20	01	Lager Stammestraße

...

[124] Vgl. WENZEL, P., a.a.O., S. 93.
[125] Vgl. SAP AG (Hrsg.): SAP-Dokumentation F09.2, a.a.O., S. 5-9.

Nach der Umstrukturierung wurde der Begriff 'Werk' aufgegeben und der Geschäftsbereich eingeführt. Dieser gibt eine grobe Unterteilung nach den Standorten und zusätzlich nach den Hauptabteilungen (HA) der Technischen Direktion wieder.

Geschäftsbereiche

<u>BK</u>	<u>GB</u>	<u>Bezeichnung</u>
01	00	Stadtwerke Neutral
01	01	Elektrische Versorgung
01	02	Gasversorgung
01	03	Wasserversorgung
01	04	Fernwärmeversorgung
01	09	Kraftfahrzeuge
01	10	Allgemeine Verwaltung
01	31	HA Strom- und Fernwärmeerzeugung
01	32	HA Stromverteilung
...		
01	36	HA Bau
01	37	HA Betrieb
...		

Die Unterscheidung zwischen Buchungskreis, Werk und Geschäftsbereich scheint vordergründig von nicht so großer Bedeutung, jedoch ist sie für die Schlüsseldefinition von elementarem Interesse, da die Schlüssel mindestens eines dieser Unterscheidungskriterien, teilweise auch mehrere, als Schlüsselfeld beinhalten. Problematisch kann bei fehlendem Einbezug sein, daß Datensätze, die unter einer bestimmten Stammsatz- oder Belegnummer zwar vorhanden, jedoch unter einem anderen Werk bzw. Geschäftsbereich, als in der Schlüsseldefinition in der Abfrage angegeben, abgelegt sind, nicht gefunden und angezeigt werden können, da eine Teilqualifizierung nicht korrekt erfolgte. Dies kann Untersuchungsergebnisse empfindlich verzerren.

Mit der Transaktion TM08 können die Tabellen 000 -Mandanten-, 001-Buchungskreise- bzw. 001C-Buchungskreise RK-, 001G -Geschäftsbereiche- und 001W -Werke, Buchungskreise und Lagerorte- angezeigt werden.

4.2 Schlüsselbestimmung im Hexadezimalcode

Die Bestimmung des Zugriffsschlüssels im Hexadezimalcode ist für den Direktzugriff unerläßlich. Ohne diesen kann nur sequentiell (über alle Datensätze der Dateien) oder auf Belegdateien auch nicht oder nur z.T. sequentiell zugegriffen werden. Wie zuvor erwähnt kann dies zu erheblichen Performanceverlusten führen.

Nachfolgend werden die Schlüssel, über die der Zugriff in den Abfragen erfolgt, fett gedruckt, ebenso die entscheidenden Felder, die Nullwerte enthalten. In Klammern wird die Feldlänge genannt. In Anhang E wird die Bestimmung des Schlüssels aufgezeigt.

Stammdateien:

MARA

		Schlüssel
Hexadezimalcode	:	X'01D4F0F0F0F0F0F0F0F0F0F0F0F0F0F0F0F0F0F0F0'
Charakter	:	'.M000000000000000000'
Felder	:	MANDA (1), MAFID (1), **MATNR (18)**

LIFA

		Schlüssel
Hexadezimalcode	:	X'01D2F0F0F0F0F0F0F0F0'
Charakter	:	'.K00000000'
Felder	:	MANDA (1), KTOART (1), **LIFNR (8)**

KUNA

		Schlüssel
Hexadezimalcode	:	X'01C4F0F0F0F0F0F0F0F0'
Charakter	:	'.D00000000'
Felder	:	MANDA (1), KTOART (1), **DEBNR (8)**

KOST

		Schlüssel
Hexadezimalcode	:	X'01C3F0F1F1F9F9F5F0F1F0F0F0F0F0F0F0F0F0'
Charakter	:	'.C0119950100000000'
Felder	:	MANDA (1), MAFID (1), BUKRS (2), GJAHR (4), WERKS (2), **KOSTL (8)**

KOLA

Hexadezimalcode	:	X'014040F0F1F1F9F9F5C340F0F1F0F0F0F0F0F0F0F0'
Charakter	:	'. 011995C 0100000000'
Felder	:	MANDK (1), SATYO (1), SATYM (1), BUKRS (2), GJAHR (4), SATYP (1), HIEKZ (1), WERKS (2), KOSTL (8)

SKSA

Hexadezimalcode	:	X'01E2F0F0F0F0F0F0F0F0F0'
Charakter	:	'.S00000000'
Felder	:	MANDA (1), KTOAA (1), KTNRA (8)

ANLA

Hexadezimalcode	:	X'01C1F0F1F0F0F0F0F0F0F0F0F0F0F0F0'
Charakter	:	'.A0100000000000'
Felder	:	MANDA (1), KTOAA (1), BUKRS (2), ANLN0 (3), KTNRA (8)

Belegdateien:

ABEZ

Hexadezimalcode	:	X'01F0F1F0F0F0F0F0F0F0F0F0'
Charakter	:	'.0100000000'
Felder	:	MANDT (1), BUKRS (2), BELNR (8)

KOEP

Hexadezimalcode	:	X'01F0F1F1F9F9F5D6F0F1F0F0F0F0F0F0F0F0F0F0F0F0'
Charakter	:	'.011995O0100000000'
Felder	:	MANDT (1), BUKRS (2), GJAHR (4), SATYP (1), WERKS (2), KOSTL (8)

BANF

Hexadezimalcode	:	X'01C2F0F1F0F1F0F0F0F0F0F0F0F0F0F0F0F0F0F0F0F0 F0F0F0F0F0F0F0F0F0F0F0'
Charakter	:	'.B0101000000000000000000000000000'
Felder	:	MANDA (1), MAFID (1), BUKRS (2), WERKS (2), MATNR (18), BANFN (8)

BEST

		Schlüssel
Hexadezimalcode	:	X'01C6F0F1F0F0F0F0F0F0F0F0'
Charakter	:	'.F0100000000'
Felder	:	MANDT (1), BSTYP (1), BUKRS (2), **BSTNR (8)**

KONK

		Schlüssel
Hexadezimalcode	:	X'01D2F0F1F0F0F0F0F0F0F0F0'
Charakter	:	'.F0100000000'
Felder	:	MANDT (1), BSTYP (1), BUKRS (2), **RAHNR (8)**

AUFK

		Schlüssel
Hexadezimalcode	:	X'01F0F1F0F1F0F0F0F0F0F0F0F0'
Charakter	:	'.010100000000'
Felder	:	MANDT (1), BUKRS (2), WERKS (2), **AUFNR (8)**

4.3 Ausprägungen von Schlüsselfeldern

Nachdem der Schlüsselaufbau der einzelnen Dateien bestimmt wurde, ist es notwendig zu überprüfen, ob bestimmte Schlüsselfelder verschiedene Ausprägungen aufweisen. Damit sind nicht Felder wie Buchungskreis, Werk oder Geschäftsjahr gemeint, die aus betrieblich-organisatorischen Gründen verschiedene Ausprägungen umfassen (Domänen). Vielmehr sind Felder abzudecken, die keine unmittelbare Information beinhalten, sondern lediglich Steue-rungscharakter haben (z.B. Belegart, Satztyp, Segment-ID o.ä.).

Ursächlich verantwortlich für diese unterschiedlichen Ausprägungen innerhalb eines Steue-rungsfeldes kann z.B.

☐ die Umstellung der Speicherung zu einem bestimmten Zeitpunkt sein, d.h. die Ausprä-gung dient dabei als Unterscheidungsmerkmal, die den Umstellungszeitpunkt kenn-zeichnet

☐ die Speicherung verschiedener Belegtypen in einer Datei sein, so daß diese durch das Steuerungsfeld gekennzeichnet werden

☐ die Speicherung von Belegbestandteilen (Kopf, Positionen, Kontierung etc.) auf einer hierarchischen Stufe sein, so daß das Steuerungsfeld zur Unterscheidung des jeweili-gen Belegbestandteils dient und die richtige Felderdefinition gewählt wird.

Um verschiedene Ausprägungen eines Schlüsselfeldes zu bestimmen, ist eine Abfrage zu formulieren, die diese Inhalte aufzeigt und möglichst auch zählt, um eine Aussage über die Relevanz eines Inhaltswertes treffen zu können (z.b. kann ein Inhalt auch als Testschalter im Rahmen der Installation gedient haben, diese Ausprägung wäre nicht weiter zu beachten). Für die BANF z.b. entspricht folgende Abfrage der Bestimmung der unterschiedlichen Ausprägungen des Feldes MAFID (MAster-File-ID).

Abfrage	**Erklärung**
MERKE (<7.0> C = 0)	Zähler = 0
HOLE BANF	Datei lesen bis EOF
VON X'01'	Zugriff aller Belege
BIS X'01'	des Mandanten
SORT MAFID	nach Kriterium sortieren
MERKE (C = GZEIGER MAFID)	kum. Zählerfeld aufbauen
BEI WECHSEL	Ausgabe der unterschied-
VON MAFID	lichen Ausprägungen
DRUCKE (MAFID, ' : ', C)	bei Wechsel und Zähler = 1
ENDE	

Jede Ausprägung wird mit der Anzahl der gefundenen Belege angezeigt, hier z.B.

B	:	77460	Anforderungssätze	entspricht hexadezimal : C2
C	:	46295	Kontierungssätze	entspricht hexadezimal : C3 .

Es ergibt sich folgende erweiterte Schlüsseldefinition:

BANF

		Schlüssel
Hexadezimalcode 1.	:	X'01C2F0F1F0F1F0F0F0F0F0F0F0F0F0F0F0F0F0F0F0 F0F0F0F0F0F0F0F0F0F0F0F0'
2.		X'01C3F0F1F0F1F0F0F0F0F0F0F0F0F0F0F0F0F0F0F0 F0F0F0F0F0F0F0F0F0F0F0F0'
Charakter 1.	:	'.B0101000000000000000000000000000'
2.		'.C0101000000000000000000000000000'
Felder	:	MANDA (1), MAFID (1), BUKRS (2), WERKS (2), MATNR (18), **BANFN (8)**

Entsprechend ist die Abfrage für die Dateien, die ähnliche Steuerungsfelder (z.B. SEGID, SEGART, BSTYP etc.) aufweisen, anzuwenden (z.B. KONK). Nachdem die Schlüssel für alle behandelten Dateien in allen Ausprägungen vorliegen, kann der Zugriff auf die Dateien getestet werden.

4.4   Nummernkreise

Jeder Stammsatz und jeder Beleg hat eine eindeutige Nummer, über die die Qualifizierung innerhalb des SAP-Systems erfolgt.[126] Um Kollisionen bei der Zuteilung der Nummern zu vermeiden, wird die Vergabe durch die eigenständige Tabelle SYSV, das die Nummernkreise verwaltet, geregelt. Ein Nummernkreis definiert u.a. eindeutig die Zugehörigkeit eines Beleges oder eines Stammsatzes zu einer bestimmten Datei und damit zu einem bestimmten SAP-Modul[127]. Um Schlüssel ganzheitlich eingrenzen zu können, müssen die Intervallgrenzen bekannt sein. Über die Transaktion TM16 -Nummernkreisanzeige- können die Nummernkreise, in denen sich die Beleg- und Stammsätze wiederfinden, für alle Objekte/Dateien angezeigt werden.

Beispielsweise zeigt die Transaktion bei Objekteingrenzung 'MARA' und Gruppeneingrenzung '*' alle Nummernkreise an, die in der Datei MARA - Materialstamm - gespeichert sind, und zwar sowohl die Unter- und Obergrenzen als auch den derzeitigen Stand der Nummernfortschreibung.

Objekt   : MARA
Gruppe   : *

Obj	Grp	Nr.	Intern	Untergrenze	Obergrenze	Stand
MARA	00	01	X	70.000.000	70.999.999	70.033.152
MARA	00	02	X	75.000.000	75.999.999	75.003.215
MARA	00	03	X	80.000.000	80.999.999	80.171.168
MARA	00	04	X	90.000.000	90.999.999	
MARA	00	05		80.900.000	80.999.999	
MARA	00	06	X	88.000.000	88.999.999	

Tab. 9: Nummernkreise der MARA

Eine weitere Methode zur Bestimmung der Nummernkreise jeder angebundenen Datei ist mit SIRON zu realisieren. Mit einer Abfrage, die die ersten beiden Zeichen der Beleg- bzw. Stammsatznummer ermittelt und sie sortiert über Gruppenwechsel zählt, kann für jede Datei der Nummernkreis bzw. die Fortschreibung ermittelt werden.

Bevor die Abfrage formuliert werden kann, muß ein Nummernkreisfeld in der Adreßtafel definiert werden.

---

[126] Vgl. SAP AG (Hrsg.): SAP-Dokumentation F09.2, a.a.O., S. 5-15.
[127] Vgl. ebd.

Hierzu ist unter dem Beleg- bzw. Stammsatznummernfeld das Feld NKREIS mit Charakterformat zu bilden, zwei Bytes lang und ab der Position der eigentlichen Nummer.

Bsp:

KONK
...

10	MANDT	C	1;	6
10	BSTYP	C	1;	7
10	BUKRS	C	2;	8
10	RAHNR	C	8;	10
10	**NKREIS**	**C**	**2;**	**10**

...

Dieses Feld kann über die ganze Datei hinweg abgefragt werden.

Abfrage	**Erklärung**
MERKE (<7.0> G = 0)	Zähler = 0
HOLE KONK	Datei lesen bis EOF
VON X'01'	Zugriff aller Belege
BIS X'01'	des Mandanten
SORT NKREIS, RAHNR	nach Kriterien sortieren
MERKE (G = GZEIGER NKREIS)	kum. Zählerfeld aufbauen
BEI WECHSEL	Ausgabe der unterschied-
VON NKREIS	lichen Ausprägungen mit
DRUCKE (NKREIS, ' : ', G, RAHNR)	letzter Belegnummer bei
ENDE	Gruppenwechsel und G=1

Das Ergebnis bei der SWH kann für die KONK z.B. wie folgt aussehen:

Nummern- kreis	Anzahl der DS	letzte Nummer	Durch den spezifischen Dateiaufbau ergeben sich die Ver- hältnisse zwischen den Belegen und Positionen wie folgt:
12	: 43728	12000560	≙ 560 Kontrakte mit insg. (43728 - 560 =) 43168 Pos.
61	: 103671	61012500	≙ 12500 Anfragen mit insg. (103671-12500 =)91171 Pos.
62	: 201	62000026	≙ 26 Anfragen mit insg. (201 - 26 =) 175 Pos.
63	: 1675	63000245	≙ 245 Anfragen mit insg. (1675 - 245 =) 1430 Pos.
65	: 5672	65001175	≙ 1175 Anfragen mit insg. (5672 - 1175 =) 4497 Pos.

Bedeutung der Nummernkreise:

Nummer	Bedeutung	
12	Rahmenbestellungen / Kontrakte	Wie sich zeigt, ist der Einbezug des jeweils spezi-
61	Anfragen der Stadtwerke Hannover AG	fischen Dateiaufbaus _zwingend_ erforderlich, um
62	Anfragen für Europaausschreibungen	die zur Beurteilung der Abfrageergebnisse notwen-
63	Anfragen der GHG mbH	digen Rahmenbedingungen, hier z.B. die Anzahl der
65	Anfragen der GKH GmbH	Belegköpfe und zugehörigen -positionen zur Ver-
		hältnisermittlung, zu erkennen.

Das Aufdecken der vorgenannten Steuerungsfelder und hier aufgezeigten Nummernkreise ist notwendig für die Anbindung, da

❏ Abfragen im Rahmen einer schnellen Entwicklung performancegerecht eingegrenzt werden sollten

❏ die Schlüssel korrekt und mit allen Ausprägungen definiert werden müssen, um Abfragen 'ganzheitlich', d.h. über alle relevanten Datensätze, laufen lassen zu können. Ansonsten erscheinen Ergebnisse verzerrt und die Aussagekraft einer Auswertung ist empfindlich gestört, weil evtl. relevante Datensätze nicht einbezogen werden.

4.5 Besonderes Problem bei der Anbindung

Abschließend darf nicht übersehen werden, daß sich auch eine Problemstellung gezeigt hat, die nicht kurzfristig gelöst werden kann. Als bisher größtes Problem bei der Anbindung hat sich ergeben, daß bei den Dateien AUFK und BEST kein Zugriff auf einzelne Belege trotz Vollklassifizierung des Schlüssels erfolgt, sondern nur auf Buchungskreisebene zugegriffen werden kann. Dieses ist nicht auf einen Fehler der Adreßtafeln oder Abfragen zurückzuführen, vielmehr scheint es sich um ein Schnittstellenproblem zwischen SAPCOIN, ADABAS und SIRON zu handeln.

Die Firma Ton Beller GmbH ist am Auffinden des Fehlers interessiert und untersucht das Problem. Da hierfür genauere Untersuchungen der Schnittstellen notwendig sind, ist frühestens im Jahr 1997 mit einem korrekten Zugriff zu rechnen. In ersten Gesprächen mit der Ton Beller GmbH wurde festgestellt, daß der Fehler an fehlenden Definitionen von Zugriffsschlüsseln in den ADABAS-Kontrollblöcken bei SDAM-Dateien liegt. Da diese als logische Sichten auf die physische Datei ABEZ existieren und somit keine eigenen Schlüsseldefinitionen benötigen, da diese über die Sekundärindexdatei der ABEZ aufgebaut werden, erhält SIRON keine Schlüsselfeldfüllung. Hierdurch wird die jeweilige Belegdatei sequentiell verarbeitet und eine Schlüsseleingrenzung ignoriert. Die Definition der ABEZ ist trotz der SDAM-Verarbeitung nicht betroffen, da sie als logische Sicht auf die physische ABEZ eine Füllung der Keyfelder erhält.

Ein Umgehen dieses Fehlers zur effizienten Abfrageentwicklung ist möglich, indem für jede betroffene Datei eine gespiegelte, jedoch von jedem Belegtyp nur eine geringere Anzahl beinhaltende, sequentielle Datei bereitgestellt wird (Testdatei, Ausprägungen siehe 4.3 beachten), mit der die Abfragen entwickelt werden. Hierdurch können Abfragen schneller ausgetestet werden.

Vorteile bei der Testdateibereitstellung sind somit

☐ effiziente Abfragegenerierung durch schnellen Zugriff auf kleinere Datenquellen

☐ keine Beeinträchtigung der operativen Systeme durch Trennung von der Ursprungsdatenbank

☐ Möglichkeit der Bereitstellung sequentieller Dateien für mehrere Nutzer als zentrale 'Informationssammlung' zur gemeinsamen Nutzung

☐ separate Definition von Berechtigungsprofilen auf Testdateien (z.B. über RACF [128]).

Nach Überprüfung auf korrekte Verarbeitung können die Abfragen über die Produktivdateien gefahren werden.

---

[128] sofern dieses von IBM zusätzlich zu installierende Zugriffsschutzsystem zur Sicherstellung der berechtigten Nutzung der Ressourcen (Daten und Programme) wie bei der SWH eingesetzt wird. Vgl. auch TEUFFEL, M., a.a.O., S. 229.

5.   Abschlußbetrachtung

5.1   Kritische Würdigung

Bei der Auswertung von SAP-R/2, d.h. Generierung von Reports, ergeben sich für ABAP/4 und SIRON Problemstellungen, die beide Systeme gleichsam berühren. Sie sind unabhängig vom Grad der Integration und von datenbankspezifischen Gesichtspunkten.

☐   Sowohl SIRON als auch ABAP arbeiten, sofern keine separate Testumgebung für das Entwickeln von Abfragen/Reports besteht, mit den operativen Datenbeständen und belasten somit die Produktionssysteme. Durch negative Auswirkungen auf Antwort- und Transaktionsverarbeitungszeiten besteht ein Rückkoppelungseffekt, der einen langsameren Reportdurchlauf bewirkt und dadurch auch die Entwicklungszeiten erhöht (Stehzeiten). Die Forderung einer eigenen Testumgebung, d.h. Spiegelung der SAP-Datenbank ohne Bezug zum Produktionssystem zur Entlastung (CPU, Platten etc.), gilt für beide Systeme.

☐   Die Auswertung von R/2 ist stark abhängig von den nutzenden Mitarbeitern im operativen Geschäft. Aus der Praxis heraus ergibt sich sehr oft, daß Datenfelder von den Mitarbeitern nicht einheitlich gefüllt werden. Bei Feldern, die nicht systemseitig, d.h. durch die Mitarbeiter frei gefüllt werden und als Kann-Felder wichtige Information enthalten, ist ein einheitliches Füllen nahezu ausgeschlossen. Entsprechend können solche Felder nur unter erschwerten Bedingungen in Auswertungen einfließen, wenn sie als Selektionskriterium herangezogen werden. Die generelle Feststellung, daß numerische und systemseitig gefüllte Felder die besten Auswertungsmöglichkeiten bieten, trifft auch auf R/2 zu.

Jedoch ergeben sich bei SIRON weitere gravierende Problemstellungen, die den Unterschied zum integrierten System ABAP verdeutlichen.

Der erste Kritikpunkt liegt auf Seiten des SAP-Systems. Datenfelder werden z.T. redundant gehalten, jedoch nicht nur in unterschiedlichen Tabellen, um Fremdschlüsselbeziehungen aufzubauen, sondern auch innerhalb von Tabellen in allen beteiligten Segmenten, von denen nur ausgesuchte Felder systemseitig gefüllt werden (z.B. MARA-RESBA/BUKRB/BUKRC/ BUKRD). Für den Anbindenden unter SIRON ist dies ein großes Problem, da oftmals die nötige Transparenz fehlt, welche von diesen gefüllt sind und welche die Möglichkeit des Auslassens bieten, um nur relevante Felder zu beschreiben und in Reports abzufragen. Es ist nicht sinnvoll, Daten zu selektieren bzw. Plausibilitäten abzufragen, wenn kritische Felder nicht gefüllt sind. Dieses muß im Vorfeld geklärt werden und kann nicht ausschließlich auf den Schultern des Anbindenden lasten. Dieser Kritikpunkt beinhaltet weiterhin, daß eine Unterstützung bei der Entwicklung von Abfragen über die Nutzung des aktiven SAP-Data Dictionaries (SAP-DD) nicht möglich ist, da SIRON als externes System die SAP-internen Verarbeitungsregeln (Business Roules) nicht integrieren kann. Dies bedeutet, daß eine automatisierte Hilfe sowohl bei der Definition der Schlüssel und automatischen Überprüfung auf Richtigkeit (Ausprägungen) als auch der Wahl der auszuwertenden Felder nicht realisiert werden kann, was insgesamt eine wesentliche Erhöhung des Entwicklungsaufwandes zur Folge hat.

Hieraus läßt sich der zweite Kritikpunkt ableiten. Auch bei erfolgreicher Eingrenzung der Felder in Abhängigkeit ihrer Füllung ist die Entwicklung von Kennzahlen sehr schwierig, da zu viele unnötige Daten zur Verfügung stehen und Inhalte z.T. nicht auswertbar vorgehalten werden. Die Bedeutung vieler Felder im Gesamtzusammenhang ist oftmals nicht klar. **Ein SIRON-Programmierer muß auch gleichzeitig ein SAP-Spezialist sein**, um die Zusammenhänge einzelner Vorgänge zu verstehen und entsprechend die Abfragen zu formulieren. Diese Anforderungen können teilweise nicht einmal Mitarbeiter der Systemtechnik/betriebswirtschaftlichen IV erfüllen, insofern ist es schwer nachvollziehbar, an einen Fachbereichsmitarbeiter so hohe Anforderungen zu stellen und ihm diese Aufgaben zu übertragen. Dieses beinhaltet auch, daß alle mit SIRON ermittelten Einzelergebnisse mit Produktivdaten im SAP-System überprüft werden müssen, was die Entwicklungszeiten erheblich erhöht. Die Integration von ABAP im SAP-Gesamtkonzept bewirkt eine erheblich höhere Effizienz bei der Reportgenerierung gegenüber SIRON.

Der Preis für die Unabhängigkeit von ABAP-Reports und der Systembetreuung/Programmierabteilung ist ein **immenser Zugzwang, SAP auf Dateibeschreibungsebene zu erlernen** und damit Qualifikationen zu erwerben, die weder für den Sachbearbeiter im Allgemeinen noch für den Revisor im Speziellen gewollt sein können, denn dieses kann nicht sein eigentliches Aufgabengebiet sein.

Hieraus jedoch abzuleiten, der Revisionsabteilung den Einsatz eines solchen DV-Tools zu versagen, beschneidet sie in ihren Möglichkeiten und ist nicht mehr zeitgemäß. Das SAP-System muß unter revisionsspezifischen Gesichtspunkten geprüft werden [129]. Gerade die Unabhängigkeit von den internen Verarbeitungsregeln des SAP-Systems kann als einer der entscheidenden Gründe angeführt werden, die für den Einsatz eines solchen Tools und vor allem für SIRON sprechen, denn Verarbeitungsfehler in einem Anwendungssystem wie SAP zu finden mit einem Modul (ABAP), das die identischen Verarbeitungsregeln nutzt, kann schwer zu positiven Ergebnissen führen. Dieses wird als Schwachstelle innerhalb des SAP-Systems gesehen, so daß mit neutralen Instrumentarien gearbeitet werden sollte[130].

Weiterhin lassen sich folgende Vor- und Nachteile herausheben

Als gravierend ist die fehlende Unterstützung eines von außen wirkenden Sicherheitskonzeptes zu bewerten. Nachteilig ist dieses insofern, als daß **die SAP-seitige Beschränkung auf die Bearbeitung bestimmter Mandanten, Buchungskreise und Transaktionen im SIRON z.T. nicht umgesetzt werden kann.** Da SIRON als externes System auf SAP-Datenbestände zugreift, ist die Nutzung der SAP-Berechtigungstabellen ausgeschlossen. Die Folge ist ein Aushebeln der Sicherheitskonzeption. Der Einsatz eines solchen Tools sollte daher strengsten Auflagen unterliegen.

Außerdem wird als nachteilig empfunden, daß für SAP-Auswertungen **keine vordefinierten Standardlösungen** vorliegen. Die Entwicklung von Kennzahlen im Unternehmen ist ein sehr schwieriger Vorgang, es fehlt die effektive Hilfe bei der Entwicklung von Kennzahlen durch **Bereitstellen von Musterauswertungen, SAP-R/2 5.0 ist für die Ton Beller GmbH** hinsichtlich der Auswertung größtenteils 'Neuland'.

Diesen Argumenten gegenüber sind vor allem die **hohe Flexibilität** bei der Abfrageentwicklung und die **Auswertung heterogener Datenstrukturen** auf unterschiedlichen Plattformen zu nennen. Die Beschränkung auf SAP-eigene Mittel ist aufgehoben, es können **Auswertungen über alle eingesetzten DV-Systeme** gefahren werden. Der daraus resultierende Zeitvorteil einerseits und die Geheimhaltungsfähigkeit von Auswertungen andererseits

---

[129] Vgl. ODENTHAL, R., a.a.O., S. 144ff.
[130] Vgl. auch ebd., S. 145f.

kann ein unschätzbarer Wettbewerbsvorteil innerhalb des Unternehmens sein.

Die Entwicklung von Auswertungen erfolgt in Anlehnung an die Landessprache, was nicht nur die **Einarbeitungszeit verkürzt**, sondern auch die **Nachvollziehbarkeit erhöht**. Somit ergibt sich ein geringerer Ausbildungsbedarf in Relation zu anderen Sprachen bzw. Retrievalsystemen, da auch der 'naive' Benutzer an ein solches Tool herangeführt werden kann.

Der Aufbau eines Kennzahlensystems, das sich kontinuierlich entwickelt und netzartig über alle eingesetzten DV-Systeme ausbreitet, ist sehr vorteilhaft, zumal es sich verbinden läßt mit der Versorgung von Excel oder SIRON/EIS, dem grafischen Aufbereitungssystem der Ton Beller GmbH, das vielfältige Kontrollmechanismen wie die ABC-Analyse oder die Ampelfunktion bietet. Möglich ist hier der Aufbau einer **'Schaltzentrale'**, in der nur auf Abweichungen von Toleranzen aufgebauter Indikatoren reagiert wird (Exception Reporting) und in der die Ursacheneingrenzung über 'Drill-down-Navigation', d.h. "den gezielten Abruf von detaillierten Informationen in Stufen vordefinierter logischer Abhängigkeiten" [131], erfolgt (Herunterbrechen bis auf Einzelfallebene).

Ziel kann nicht sein, ABAP-Reports in SIRON abzubilden und somit redundante Auswertungen laufen zu lassen, aber gerade für die Revisionsabteilung kann sich SIRON trotz unbestreitbarer Grenzen allgemein zu einem DV-Prüfinstrumentarium entwickeln, das erhebliche Arbeitserleichterung und vor allem Unabhängigkeit von der Programmierabteilung bedeutet und neue Möglichkeiten der Schwachstellenanalyse von Geschäftsprozessen bietet, besonders in C/S-Umgebungen.

Jedes System, sei es als externes oder integriertes System vorhanden, bietet bestimmte Leistungsmerkmale und hat damit Stärken und Schwächen. Über den tatsächlichen Einsatz kann nur eine individuelle, an den Unternehmenszielen ausgerichtete Gewichtung den Ausschlag geben.

5.2 Weiteres Vorgehen

Aus der Anbindung von SAP-R/2 an SIRON heraus erwachsen weitere Tätigkeiten. Diese können als der schwierigste Teil der Auswertung von SAP gesehen werden.

Aus einer taktischen Risikoanalyse der Unternehmensbereiche heraus müssen SAP-Risiko-

---

[131] MERTENS. P./GRIESE. J.. a.a.O.. S. 33.

felder definiert werden. Bei der SWH wurde der RM-Bereich als besonders risikobehaftet erkannt und die Untersuchungsschwerpunkte 'Bestellabwicklung' und 'Materialdisposition/ Lagermaterial' festgelegt. Im Rahmen der SAP-Anbindung ist zu überprüfen, welche Möglichkeiten der DV-technischen Abdeckung bzw. Umsetzung gegeben sind, d.h., welche Vorgänge in Dateien/Tabellen gehalten und ausgewertet werden können, um zuletzt Plausibilitäten aufzubauen, die Vorgänge über bestimmte Felderkonstellationen bzw. deren Feldinhaltskombinationen herausfiltern, die als ordentliche Geschäftsvorfälle nicht vorkommen dürfen.

So können Prüfroutinen aufgebaut werden, die sukzessive ein Netzwerk interner Kontrollen über ein Anwendungssystem bilden und damit das IKS entscheidend verbessern können.

5.3   Konzeptionelle Entwicklungstrends

In der Vergangenheit sammelten und speicherten Unternehmen mit ihrer Computertechnologie große Mengen geschäftsrelevanter Daten in Mainframe- (hostbasierenden) Datenbanken. Heute muß zusätzlich die Bereitstellung des Datenmaterials zur bedarfsgerechten Nutzung durch die Mitarbeiter des gesamten Unternehmens im Vordergrund stehen. Unternehmen werden die Daten effektiver nutzen müssen, um ihr Geschäft besser durchleuchten und analysieren zu können. Vor allem wird ein Informationsmanagement benötigt, das zeitraumbezogen arbeitet und verdichtete, entscheidungsrelevante und im Zeitverlauf vergleichende Informationen liefert [132]. Hierüber wird sich zukünftig zeigen, wie wettbewerbsfähig sich ein Unternehmen auf dem Markt bewegt [133].

Viele Unternehmen erkennen, daß Data-Warehouse-Lösungen auf die zuvor erwähnten Anforderungen zugeschnitten sind. Durch die Gewinnung eines besseren Verständnisses für die Märkte, der eigenen Bedürfnisse und der Umstrukturierung der Informationssysteme erhoffen sie sich, den Herausforderungen der Globalisierung eher gewachsen zu sein. Sie erhöhen hierdurch nicht nur ihre Produktqualität durch eine schnellere Anpassungsfähigkeit gegenüber Umweltveränderungen, sondern auch den Nachvollzug von Entscheidungen und Vorgängen. Gerade im internationalen Vergleich erscheint dies heute zwingend notwendig.

---

[132] Vgl. MUCKSCH, H./BEHME, W., a.a.O., S. 19f.
[133] Vgl. ebd., S. 5.

5.3.1 Data-Warehouse

"Mit dem Begriff Data-Warehouse wird generell eine von den operationalen DV-Systemen isolierte Datenbank umschrieben, die als unternehmensweite Datenbasis für alle Ausprägungen managementunterstützender Systeme dient und durch eine strikte Trennung von operationalen und entscheidungsunterstützenden Daten und Systemen gekennzeichnet ist."[134] Es "hat die Aufgabe, inhaltsorientiert, integriert und dauerhaft Informationen [...] zu sammeln, zu transferieren und zu verteilen." [135]

Ein Data-Warehouse ist eine Decision-Support-Umgebung, welche die in verschiedenen Quellen gesammelten Daten organisiert und jederzeit bedarfsgerecht zur Verfügung stellt. Dieses erfolgt unabhängig von der jeweiligen DV-Landschaft und vom Kenntnisstand des Entscheidungsträgers [136]. Entscheidend ist somit für den Anwender nur noch, was er für Informationen erhalten möchte und nicht mehr, wie er an diese gelangt. Gegenüber üblichen Datenbankkonzepten, die partielle Sichten erlauben, verfügt er durch den 'universellen' Überblick des Data-Warehouse über integrierte und analytische Informationen, nicht mehr nur über gespeicherte vergangenheitsorientierte Geschäftsdaten. Die wichtigsten Ziele sind [137]

☐ der einheitliche Zugriff auf Datenquellen, die in unterschiedlichsten Datenbankformaten und physikalisch in einer heterogenen DV-Landschaft bestehen

☐ die Integration unterschiedlichsten Datenmaterials, so z.B. strukturierte relationale Daten, Multimedia- oder multidimensionale Daten etc.

☐ die Integration von Entscheidungsunterstützungsapplikationen zur wirkungsvollen Informationsanalyse in Form von DSS/EIS

☐ Schaffen von Redundanz als aufbereitetes Bereitstellen von Führungsinformationen, um den Zugriff auf Originaldaten zu minimieren. "Durch die Bildung einer zweiten Datenbasis können die Operationen der Transaktionssysteme auf der ersten Datenbasis [...] unabhängig von den Analyseprozessen auf der zweiten Datenbasis [...] ausgeführt werden, so daß diese Analysen den reibungslosen Ablauf der operativen Geschäfte nicht beeinträchtigen."[138]. Integration auch externer Quellen.

---

[134] MUCKSCH, H./BEHME, W., a.a.O., S. 86.
[135] Ebd., S. 62.
[136] Vgl. ebd., S. 62.
[137] Vgl. ebd., S. 63.
[138] Ebd., S. 63.

Technische Nutzenpotentiale eines Data-Warehouse-Konzeptes: [139]

❏   Effektives Datenmanagement

- Leichte Administration: Durch zentrale Speicherung und der logischen Definition des Zugriffs ergibt sich die Integration vieler Datenbasen unter ein Verwaltungssystem. Hierdurch verringert sich der Aufwand für die Pflege der Daten, Auswertungen usw. erheblich.

- Vermeidung von Inkonsistenzen: Dieser Integrationsgedanke ermöglicht es auch, daß Datenbestände für alle Vorgänge aktuell gehalten werden und somit Inkonsistenzen vermieden werden.

❏   Integrative Quellenpräsentation

Durch die zentrale Ablage der Daten ist eine Präsentation aller Informationsquellen möglich. Dieses zeigt im besonderen Maße die Möglichkeit der ganzheitlichen Darstellung aller Geschäftsprozesse, der beteiligten Datenströme und die Ausrichtung auf eine künftige Optimierung der Prozeßkette.

❏   Integrierte Entwicklungsinstrumentarien

Kennzeichnend für eine solche Konzeption ist der durchgängige Instrumentarieneinbezug von der Datenmodellierung (Identifikation und Analyse der internen und externen Datenquellen) bis zur Implementierung von Datenanalyse und Reporting/Berichtswesen, auch möglicher Einbezug des Data Mining - Konzepts

❏   Einführung von C/S-Technologien

Im Rahmen der zunehmenden Client/Server-Ausrichtung der Unternehmen können über das Data-Warehouse-Konzept entsprechende Aufbauerfahrungen gesammelt werden, ohne die operativen Systeme zu belasten und Ausfälle zu riskieren.

Betriebswirtschaftliche Nutzenpotentiale: [140]

❏   Höherwertige Informationsversorgung

"Die Einführung eines Data-Warehouses verbessert die Informationsbereitstellung für die Entscheidungsträger aller Ebenen in Bezug auf qualitative, quantitative und zeitliche Gesichtspunkte [...]"[141] und erhöht somit die Transparenz der Entscheidungsgrundlagen und die Reaktionsfähigkeit auf kritische Umweltveränderungen.

---

[139] Vgl. MUCKSCH, H./BEHME, W., a.a.O., S. 122f.
[140] Vgl. ebd., S. 125ff.
[141] Ebd., S. 125.

❏ Erhöhung der Wettbewerbsfähigkeit

Den Entscheidungsträgern wird die Möglichkeit geboten, durch interne und externe Trendanalysen und den Einbezug von Kennzahlensystemen/Forecasting/Abweichung von Schwellenwerten Ursache-Wirkungsprinzipien zu ermitteln und diese gewinnbringend einzusetzen.

❏ Marktgerichtete Potentiale

Durch die Bereitstellung von aktuellen und umfassenden Kundeninformationen "läßt sich [...] eine kundenspezifisch optimale Strategie für die Leistungserbringung ermitteln."[142] Diese Kundenorientierung führt zur langfristigen Sicherung am Markt.

5.3.2 Online-analytische Verarbeitung

Betriebliche Anwendungssysteme für das operative Geschäft, die heute vorherrschen, werden üblicherweise über relationale Datenbanken verwaltet (RDBMS). Zur Lösung von komplexen, vielschichtigen Problemstellungen eignen sich diese jedoch nur bedingt. Sie verfügen nur über zweidimensionale Strukturen, so daß sie nicht dazu geeignet sind, einen mehrdimensionalen Überblick über zur Verfügung stehende Daten zu geben.[143] Sie erweisen sich "als unzureichend, wenn es darum geht, nicht nur aggregierte Informationen darzustellen, sondern auch die unmittelbaren Änderungen der Datensicht und des Datenaufrisses zu berücksichtigen."[144]

Als Folge hieraus ist die online-analytische Verarbeitung das anzustrebende Konzept zur Erweiterung bisheriger Entscheidungsunterstützungssysteme. Ziel ist es, die relationalen Daten in eine Mehrdimensionalität zu überführen, um den entstehenden 'Hypercube' (Hyperwürfel) schichtweise zu analysieren. Vorteilhaft ist dies insofern, als daß sich die Analyseachsen ändern lassen. Das OLAP-Konzept (online-analytical processing) gibt dem Anwender u.a. die Möglichkeit, die Unternehmensdaten in Würfel und Schichten zu zerlegen, um diese aus verschiedenen Perspektiven zu betrachten[145]. Im Mittelpunkt steht außerdem, die konsolidierten Daten auf kleinere Detaillierungsebenen herunterzubrechen, um über 'Drill-down'-Navigation Ursacheneingrenzung vornehmen zu können.

---

[142] MUCKSCH, H./BEHME, W., a.a.O., S. 127.
[143] Vgl. ebd., S. 49.
[144] Ebd., S. 70.
[145] Vgl. ebd., S. 49.

Mehrdimensionalität   **Schichtenanalyse/Hypercube**   **Drill-down-Navigation**

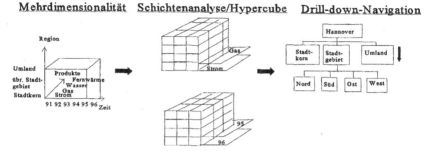

Abb. 10: Inhalte des OLAP-Konzeptes [146]

Ziel des OLAP-Konzeptes ist es, die Entscheidungsfindung zu unterstützen/erleichtern, indem alle Mitarbeiter auf die internen und externen unternehmensrelevanten Daten zugreifen und diese bedarfsgerecht kombinieren und auswerten können. Hierüber ist nicht nur ein generell besseres Verständnis der bestehenden Geschäftsvorgänge möglich, sondern auch eine gezielte Prognose, d.h. bei Entscheidungssituationen Unsicherheitsfaktoren transparent darzustellen und in die Lösungsfindung einfließen zu lassen.

Erfahrungsberichte [147] zeigen, daß das Data-Warehouse-Konzept und OLAP, auch wenn sie sicherlich nicht leicht umzusetzen sind, in Zukunft an Bedeutung gewinnen werden.

5.4   Firmen- und produktspezifischer Ausblick

SIRON wird seit 1995/96 als Windows- und OS/2-Version ausgeliefert. Dabei bleibt die HOST-Komponente SIRON/Kern als Server bestehen, SIRON C/S wird als Benutzerober-fläche und Client auf dem PC genutzt, SIRON/K1-Server dient als Schnittstelle zwischen PC und Großrechner und SIRON/EIS als erweiterter Reportdesigner auf dem PC.

Vorteile dieser Aufteilung sind u.a.

❑   Abfragegenerierung auf dem PC, dadurch erhöhter Komfort bei der Entwicklung und Bedienung, GUI-Oberfläche

---

[146] In Anlehnung an MUCKSCH, H./BEHME, W., a.a.O., S. 174ff., 183.
[147] Vgl. ebd., S. 407ff.

❏ Nutzung der Arbeitsleistung des Großrechners bei Abarbeitung von großen Daten-
mengen (SAP, IRD, PAISY), Daten sind aktuell und müssen nicht über File-Transfer
abgestellt werden, Bedienung von MS-Excel mit Abfrageergebnissen möglich

❏ Client/Server-Konzept, Nutzung verteilter Daten und Kataloge, mögliche Integration
in eine Data-Warehouse- und Intranet-Konzeption

❏ logische Verknüpfung von HOST- und PC-Daten, Zusammenführen unterschiedlicher
Datenbanken und Dateien möglich (DB2, VSAM, dBASE, Oracle etc.), Unterstützung div. Schnittstellen (z.B. ODBC)

❏ Möglichkeit der Nutzung von SIRON/EIS, der grafischen Aufbereitung von Abfrageergebnissen

❏ Reportdesigner mit Drag&Drop-Verfahren für Anwender ohne Programmierkennt-
nisse, automatische Codegenerierung durch SIRON im Hintergrund .

Im Zuge der Neugestaltung der europaweiten Energieversorgung (EG-Binnenmarkt, Wegfall
von Demarkationen) und des damit verbundenen Kostendrucks auf kommunale Energiedienst-
leister sind Unternehmen wie die SWH gezwungen, kundenorientierter zu operieren. Im Rahmen dieser Kundenorientierung werden bei der SWH alle Standorte sukzessive über LWL
verkabelt und mit netzwerkfähigen Arbeitsplatzrechnern ausgestattet, um mittelfristig gesamt-
unternehmerisch kommunizieren und Abläufe optimieren zu können. So werden unterschied-
lichste Systeme implementiert, die im Rahmen einer ganzheitlichen Revisionskonzeption zugänglich und auswertbar sein müssen.

Beispiele für solche Client/Server-basierenden Anwendungen, die einheitlich unter
Windows NT laufen werden oder bereits laufen, sind u.a. das

❏ Personalmanagementsystem HR/Vantage

❏ Reisekostenabrechnungs- und Reisemanagementsystem BTM travel-line

❏ Ausschreibungs-, Vergabe- und Abrechnungssystem für Bauleistungen SISAVA[148].

Auch SAP konnte sich der verteilten Datenwelt nicht verschließen und bietet mit R/3 eine
echte Client/Server-Anwendung [149]. "In der vergleichsweise kurzen Zeit seit der Marktein-

---

[148] HR/Vantage: Fa. H.R. Management Software GmbH, Düsseldorf;
BTM travel-line: Fa. software&service GmbH, Simmern;
SISAVA: Fa. GEF Software GmbH, Leimen.
[149] Vgl. CDI (Hrsg.), a.a.O., S. 187f.

führung 1992 ist es dem System R/3 gelungen, zum weltweit führenden Client/Server-Produkt aufzusteigen." [150] Mit Release 3.0 soll R/3 die volle Funktionsfähigkeit aufweisen wie R/2 5.0[151]. Mittelfristig werden Unternehmen gezwungen sein, von R/2 nach R/3 zu migrieren, da der Support für R/2 (Release 5.0) nach SAP-Aussagen nur "noch bis ins Jahr 2000" [152] reichen wird.

Diesen Erkenntnissen verschließt sich auch die Ton Beller GmbH nicht. Mit SIRON C/S soll es möglich sein, auf SAP-R/3 zuzugreifen und Abfragen zu generieren mit erheblich geringerem Entwicklungsaufwand. Die Umsetzung der Berechtigungsprofile soll ebenso zum Leistungsumfang gehören wie die Nutzung des aktiven SAP-Data-Dictionaries. Gerade der Verarbeitung von SAP-R/3-Daten und den damit verbundenen DBMS - es besteht u.a. die Wahl zwischen Oracle 7, ADABAS D, Informix, Online 6 und MS SQL-Server [153] - kommt ein beträchtlicher Entwicklungs- und Supportaufwand zu.

In Verbindung mit SAP und der zunehmenden Dezentralisierung der DV bzw. Client/Server-Ausrichtung der Unternehmen ergibt sich mit SIRON eine günstige Möglichkeit, nach und nach ein gesamtunternehmerisches Kennzahlensystem mit Frühwarncharakter und Ursacheneingrenzung aufzubauen, das den Forderungen an Führungsinformationssysteme sehr nahe kommt. Besonders ist dies für Abteilungen wie die Interne Revision von Bedeutung, die überwiegend ex-post fast ausschließlich auf Basis unternehmensinterner Daten arbeitet [154].

Trotzdem zeigen die aufkommenden Schwierigkeiten, daß der Einsatz vor allem abhängig ist vom Umfang und der Qualität der Datenquellen. Diese Einflußgrößen wirken trotz unbestreitbarer Vorteile des SIRON-Systems hier eher nachteilig. In der Praxis zeigen sich Problemfelder, die deutlich machen, daß die nachhaltig sinnvolle Nutzung intensive Entwicklungsarbeit, eine erhebliche zeitliche Beanspruchung und dadurch die Akzeptanz und Priorisierung durch höhere Ebenen erfordert, denn sowohl ein nur sporadisches Nutzen des Systems als auch eine halbherzige Entwicklungsarbeit ist nicht sinnvoll. In wie weit der notwendige, hohe Aufwand durch höhere Ebenen unterstützt wird, zeigt, welche Erwartungen an ein solches System gestellt und welche Ergebnisse erwartet werden können.

---

[150] WENZEL, P., a.a.O., S. 7.
[151] Vgl. ebd.
[152] Ebd.
[153] Vgl. ebd., S. 12.
[154] Vgl. BEER, T., a.a.O., S. 10f., 101.

6. Zusammenfassung

Seit 1989 wird in der Revisionsabteilung der Stadtwerke Hannover AG das Retrieval-system SIRON/E, derzeit in der Version 94.1, der Ton Beller GmbH genutzt, um Datenbe-stände unterschiedlicher DV-Systeme bedarfsgerecht auszuwerten. Ziel dieser Arbeit war es, einen Leitfaden zur systematischen Anbindung von SAP-R/2-Dateien an das SIRON/E-System zu entwickeln, so daß die Ergebnisse für Dritte nutzbar sind. Die Anbindung als notwendige Vorstufe der Auswertung umfaßt die Definition des Zugriffs und das Bereitstellen einer Testumgebung, die als Mindestvoraussetzung für SAP-Auswertungen unter SIRON angesehen werden kann.

Die Systemgrenzen bilden zum einen das Betriebssystem MVS, zum anderen das Datenbank-verwaltungssystem ADABAS und die Eingrenzung auf bestimmte Dateien.
Das SAP-System ist viel zu umfangreich, um alle Dateien anzubinden. Für die Revisionsab-teilung ergab sich die Notwendigkeit der Anbindung bestimmter Dateien. Da zum Entstehungs-zeitpunkt dieser Arbeit das RM-System ausgewertet werden sollte, beinhaltet die Definition eines 'erweiterten RM-Bereichs' entsprechend auch Dateien der SAP-Module RA, RK und RF als 'Zulieferer' für RM.
Das Thema mußte sehr eng gefaßt werden, da die Ergebnisse bei Verwendung eines anderen DBMS oder Betriebssystems differieren. Eine Portierung ist jedoch prinzipiell möglich.

Als Sachziele wurden die Darstellung des Zugriffs auf SAP-Dateien, die Funktionsweise von SIRON und die Entwicklung eines vorgenannten Leitfadens definiert, um das Formalziel, die schnelle, reibungslose und unabhängige Auswertung von SAP-R/2, zu verwirklichen.

Dabei ist mit 'schnell' die zeitliche Eingrenzung gemeint, was bedeutet, daß die Auswertungs-ergebnisse den Fachrevisoren nicht verzögert vorliegen dürfen, um den Aktualitätsverlust zu minimieren. 'Reibungslos' bedeutet die einfache Algorithmusformulierung durch den Fachbe-reichsrevisor über alle eingesetzten DV-Systeme hinweg auch auf kritische Datenbestände. 'Unabhängigkeit' schließt hier unmittelbar an und beinhaltet nicht nur den systemübergrei-fenden Einsatz dieses Systems, sondern vor allem den Autarkiegedanken des Fachbereichs von der Programmierabteilung und von programmspezifischen Auswertungssprachen.

Nach Feststellung des generellen Funktionsmechanismus von SIRON - dem Definieren von Adreßtafeln, die einerseits den Zugriff auf Dateien/Datenbanken regeln und zum anderen die Feldbeschreibungen beinhalten - und Definieren der vor der Anbindung zu erfüllenden Bedingungen - zum einen Installation von SIRON und zum anderen Bereitstellen der Berechtigungsprofile und Job-Control aller Nutzer - wurde der äußere Rahmen der anzubindenden Dateien abgesteckt. Für die Revisionsabteilung ist der Bereich Materialwirtschaft mit seinen Berührungspunkten zum Bestellwesen, der Auftragsverwaltung, der Anlagen- und Sachkontenbuchhaltung und der Kostenstellenrechnung von großem Interesse, da hier nicht nur große Geldsummen das Unternehmen verlassen bzw. in Anlage- und Umlaufvermögen umgesetzt werden, sondern auch besondere Risiken bestehen, daß Mitarbeiter über dolose Handlungen das Unternehmen schädigen. Entsprechend wurden die SAP-Dateien gewählt, die für eine Auswertung in diese Richtung infrage kommen, so u.a.

die Materialstammdatei, der Anlagenstamm, Kreditoren- und Debitorenstamm, div. Einkaufsdateien (Bestellanforderungen, Bestellungen, Rahmenbestellungen, Buchhaltungsbelege), die Kostenstellenstammdatei und die Auftragsdatei.

Nach detaillierter Darstellung des Aufbaus einer Adreßtafel und des spezifischen Zugriffs auf alle notwendigen SAP-Dateitypen - es bestehen fünf verschiedene Typen, die sich im Zugriffsverfahren und z.T. auch im Dateiaufbau unterscheiden, von denen jedoch nur die drei relevanten gezeigt werden - wurde für jede einzelne Datei der Zugriffsschlüssel definiert, der aus unterschiedlichen Feldern besteht. Entsprechend wurde eine Systematik für die Anbindung der Dateien entwickelt, die sowohl die Anbindung selbst beinhaltet als auch die Entwicklung einer Testumgebung. Sofern die vorliegenden Tests korrekt ablaufen, ist die Lauffähigkeit, Beständigkeit und Sicherheit des SIRON-Einsatzes gewährleistet.

Die vorliegende Arbeit stellt nicht nur die Zugriffsschlüssel, Adreßtafeln der angebundenen Dateien und Testabfragen zur Verfügung, sondern sie stellt auch die Hauptprobleme, die sich bei der Anbindung sowohl von Seiten des SIRON- als auch des SAP-Systems ergeben, dar und setzt sich kritisch mit dem Einsatz eines solchen Tools auseinander.

Ein gravierender Kritikpunkt ist, daß mit dem Einsatz dieses Systems die in einem Unternehmen bestehende Zugriffsschutzkonzeption unterlaufen werden kann, da diese im SIRON im Rahmen der Job-Control-Bereitstellung und Berechtigungsprofildefinition (RACF) nur z.T. abgebildet werden kann. Sofern die Berechtigung zur Auswertung von SAP erteilt wird, ist die SAP-seitige Beschränkung auf bestimmte Mandanten, Buchungskreise oder Transaktionen nahezu ausgeschlossen bzw. nur in geringem Maße umsetzbar. Daher sollte der Einsatz genauestens reglementiert und nur in ausgesuchten Abteilungen des Unternehmens genehmigt werden.

Weiterhin gestaltet sich die Entwicklung von Kennzahlen als führungsrelevante Informationen als sehr schwierig, da keine hierfür erforderliche Entwicklungsunterstützung besteht. Für die Ton Beller GmbH ist eine softwareunterstützte Kennzahlenentwicklungsumgebung nicht zu realisieren, da gerade die Flexibilität des SIRON-Systems der entscheidende Einsatzfaktor ist. Es ist nicht fixiert auf ein Datei-/Datenbanksystem, sondern kann über seine multiplen Anbindungsmöglichkeiten nahezu alle auf dem Markt gängigen Datenbanken auswerten. Somit kommt es hauptsächlich auf die Produktkenntnisse des Auswerters, hier über das SAP-System, an, wie ' tief ' er eine Datei/Datenbank auswerten kann.

Dieses zeigt einen weiteren Hauptkritikpunkt. Der Auswerter muß sehr detaillierte Kenntnisse des auszuwertenden Systems haben, die sich bis auf Dateibeschreibungsebene erstrecken. Nachteilig ist im besonderen Maße, daß im SIRON das aktive SAP-Data-Dictionary nicht genutzt werden kann, wie dies bei ABAP der Fall ist, da es sich um ein externes System handelt. Es müssen alle denkbaren Ausprägungen, hauptsächlich bei der Schlüsselgenerierung, aber auch bei anderen Feldern ausgetestet und in Auswertungen einbezogen werden, um kein verfälschtes Ergebnis zu erhalten. Ein Automatismus bei der Überprüfung der Zulässigkeit von Feldinhalten fehlt. Dieses läßt die Entwicklungszeiten erheblich ansteigen, und obwohl SIRON im Rahmen von SAP-Auswertungen die Forderung nach schnellen Verarbeitungszeiten erfüllt, werden als positiv herauszustellende Punkte durch einen überproportionalen Entwicklungsaufwand größtenteils aufgezehrt.

Es zeigt sich, daß SIRON als externes und damit anwendungsneutrales Retrievalsystem durch seine schnelle Erlernbarkeit und seinen mächtigen Befehlsvorrat geeignet ist, Datenbestände bedarfsgerecht auszuwerten. Trotz einer gelungenen Synthese zwischen einer 4GL-Programmiersprache und einem EIS-Reportdesigner und der Auswertungsunterstützung heterogener C/S-Umgebungen darf jedoch nicht übersehen werden, daß zur effektiven Nutzung dieses Toolsets intensive Entwicklungsarbeit und ein nicht unerheblicher Lernprozeß notwendig ist.

7.   Anhang

7.1 Anhang A - Berechtigungssatz Adminstrator und Anwender

Siron/E * Berechtigungen ANZEIGEN   * TSO/MVS 94.1 (951001)

                                                          13:37:59 15.11.1996
Name des Anwenders: **ADMINISTR**   Kennwort: KENNWORT

	ANZ	AEN	LOE	KOP	HIN	AUS	BER	MAN	DIA	UMW
Genat:	_	_	_	_	_	X	_	_	_	_
Siron/E:	X	X	X	X	X	X	X	X	X	X
Siron/I:	X	X	X	X	X	X	X	X	X	X
Texte:	X	X	X	X	X	X	X	X	X	X
Berechtigung:	X	X	X	X	X	X	X	X	X	X
Transfer:	X	_	X	_	X	X	_	_	_	_

Erlaubte Einstellung:
Progr.-Sprache : ____
Siron-Suffix   : A   B   C   X
Exec-Suffix   : SAP   DLI*   GENAT   SIROS
AT-Dateien   : ADRTAFELADR*
Masken-Dateien: _____
Satzlimit   : 01000
Zeitlimit   : _____

Siron/E * Berechtigungen ANZEIGEN   * TSO/MVS 94.1 (951001)

                                                          13:37:59 15.11.1996
Name des Anwenders: ADMINISTR

Erlaubte Arbeitsgebiete:
  *

Einzelberechtigungen: N
Job-Steuerkarten:
//DEFADMI   JOB (KOSTENST) , 'MASSAGE',
//   .   CLASS=A,MSGCLASS=X,REGION=8M
Print-Anweisung:
Jobn: X Jobc: X Clas: X Prio: _ Time: X Form: X Kopa: X Acco: X Host: X

Siron/E * Berechtigungen ANZEIGEN   * TSO/MVS 94.1 (951001)

                                                     13:37:59 15.11.1996
Name des Anwenders: ADMINISTR

Arb.Gebiet	ANZ	AEN	LOE	KOP	HIN	AUS	BER	MAN	DIA	UMW
*	X	X	X	X	X	X	X	X	X	X
ENDE DATEN										

Folgefunktion (+/-/E): E

Siron/E * Berechtigungen ANZEIGEN   * TSO/MVS 94.1 (951001)

                                                     13:37:59 15.11.1996
Name des Anwenders: ADMINISTR

Erlaubte Adreßtafeln:

AT-Name	SALE	AT-Name	SALE	AT-Name	SALE	AT-Name	SALE	AT-Name	SALE
*	_XXX	ADATEI2	X___	ADATEI3	X___	AUS*	X___	___	___

Siron/E * Berechtigungen ANZEIGEN   * TSO/MVS 94.1 (951001)

13:37:59 15.11.1996

Name des Anwenders: **ANWENDER**   Kennwort: KENNWORT

	ANZ	AEN	LOE	KOP	HIN	AUS	BER	MAN	DIA	UMW
Genat:	_	_	_	_	_	X	_	_	_	_
Siron/E:	X	X	X	X	X	X	X	_	_	_
Siron/I:	_	_	_	_	_	_	_	_	_	_
Texte:	_	_	_	_	_	_	_	_	_	_
Berechtigung:	_	_	_	_	_	_	_	_	_	_
Transfer:	_	_	_	_	_	_	_	_	_	_

Erlaubte Einstellung:
Progr.-Sprache : ____
Siron-Suffix   : A
Exec-Suffix   : SAP   SIROS   GENAT
AT-Dateien   : ADRTAFEL ADR*
Masken-Dateien: _____
Satzlimit   : 01000
Zeitlimit   : 00010

Siron/E * Berechtigungen ANZEIGEN   * TSO/MVS 94.1 (951001)

13:37:59 15.11.1996

Name des Anwenders: ANWENDER

Erlaubte Arbeitsgebiete:
GENAT   SAP*   IRD*   JCL*

Einzelberechtigungen: N
Job-Steuerkarten:
//DEFANWE   JOB (KOSTENST) , 'MASSAGE',
//   CLASS=A,MSGCLASS=X,REGION=8M
Print-Anweisung:
Jobn: _ Jobc: _ Clas: _ Prio: _ Time: _ Form: _ Kopa: X Acco: _ Host: _

Siron/E * Berechtigungen ANZEIGEN   * TSO/MVS 94.1 (951001)

13:37:59 15.11.1996

Name des Anwenders: ANWENDER

Arb.Gebiet	ANZ	AEN	LOE	KOP	HIN	AUS	BER	MAN	DIA	UMW
GENAT	X	–	–	–	–	X	–	–	–	–
SAP*	X	X	–	X	X	X	X	–	–	–
IRD*	X	X	–	X	X	X	X	–	–	–
JCL*	X	–	–	–	–	X	X	–	–	–
ENDE DATEN										

Folgefunktion (+/-/E): E

Siron/E * Berechtigungen ANZEIGEN   * TSO/MVS 94.1 (951001)

13:37:59 15.11.1996

Name des Anwenders: ANWENDER

Erlaubte Adreßtafeln:

AT-Name	SALE	AT-Name	SALE	AT-Name	SALE	AT-Name	SALE	AT-Name	SALE
*	____	ADATEI2	X___	ADATEI3	X___	ANW*	X___	____	____

7.2 Anhang B - SWH-Job-Control

Ein Job liegt nicht automatisch zur Abarbeitung vor. Vielmehr besteht er aus mehreren "Einzelbausteinen", die in der richtigen Reihenfolge zusammengestellt werden müssen.

Die zur Auswertung von SAP notwendigen Job-Control-Komponenten, die in die Arbeitsgebiete JCLAUS und JCLNACH gehören, werden hier dargestellt. Der Aufbau ist nicht zwingend, bei der SWH wurde jedoch eine solche Aufteilung gewählt. Den ersten Teil bildet die in Anhang A dargestellte Job-Steuerkarte.

Jobkomponenten:

Arbeitsgebiet JCLAUS

❐	2	EXECSAP	SIRON- und SAPBTCH-Aufruf, Dateidefinitionen, SAP-Library-Zuweisungen, ADABAS-Zugriff/-Zuweisungen
❐	3	ALLGEMEIN	SIRON-Bibliothekszuweisungen, Definition von Sortwork-Bereichen und Ausgabedateien
❐	4	WILDENSEE	Benutzerspezifische Komponente, jeder Anwender sollte eine eigene Job-Control-Karte haben, die persönliche Ausgabedateizuweisungen regelt.

Arbeitsgebiet JCLNACH

❐	5	SAP	ADABAS-Zugriff, Verbindungsmodulaufruf

EXECSAP:

```
//* Start SAPBATCH
//STEP1            EXEC  PGM=SAPBTCH0
//* Start von SIRON, Bibliothekszuweisungen
//STEPLIB          DD    DSN=PRV.X1LIB.LOAD,DISP=SHR
//                       DSN=PSP.A1LIB.MOD.LOAD,DISP=SHR
//                       DSN=PSP.A1LIB.LOAD,DISP=SHR
//                       DSN=PSP.X1LIB.DB6ADA.LOAD,DISP=SHR
//* Definition Ein-/Ausgabedateien SAP-VSAM, Ausgabe-Druckersteuerung
...
//LIST0SO          DD    SYSOUT=*
//LIST1SO          DD    SYSOUT=*
//SYSUDUMP         DD    SYSOUT=*
//SYSPRINT         DD    SYSOUT=*
//FEHLER           DD    SYSOUT=X
//CARD0SI          DD    DDNAME=SYSIN
```

ALLGEMEIN:

```
//* SIRON/E VAR JCL
//* Zuweisungen der Tafeldateien, die alle Adreßtafeln beinhalten, sowohl die
//* automatisch als auch die selbst generierten Tafeln
//ADRTAFEL        DD      DSN=PRV.V871.TAFEL.STKS,DISP=SHR
//ADRTEMP         DD      DSN=PRV.V871.TEMP.STKS,DISP=SHR
//* Definition der Ausgabedateien
//ADATEI1         DD      SYSOUT=*,DCB=(RECFM=FBA,BLKSIZE=133)
//ADATEI2         DD      SYSOUT=*,DCB=(RECFM=FBA,BLKSIZE=133)
//ADATEI3         DD      SYSOUT=*,DCB=(RECFM=FBA,BLKSIZE=133)
//ADATEI4         DD      SYSOUT=*,DCB=(RECFM=FBA,BLKSIZE=133)
//* Definition der SORTWORK-Dateien
//SORTWK01        DD      UNIT=WORK,SPACE=(CYL,(300,100))
//SORTWK02        DD      UNIT=WORK,SPACE=(CYL,(300,100))
//SORTWK03        DD      UNIT=WORK,SPACE=(CYL,(300,100))
//SORTWK04        DD      UNIT=WORK,SPACE=(CYL,(300,100))
//SYSOUT          DD      SYSOUT=*
//FEHLER          DD      SYSOUT=X
//SYSUDUMP        DD      SYSOUT=*
//SYSPRINT        DD      SYSOUT=X
//* Definition von Dateien zur Verwaltung von
//* - Berechtigungen
//* - Inhalten (Directories)
//* - Abfragen (gesicherte/ungesicherte)
//TEXTDAT         DD      DSN=PRV.A1DVS.BERECHT,DISP=SHR
//SIRINHA         DD      DSN=PRV.A1DVS.INHALTA,DISP=SHR
//ABFRAGA         DD      DSN=PRV.A1DVS.ABFRAGA,DISP=SHR
//EDIDATA         DD      DSN=PRV.A1DVS.EDIDATA,DISP=SHR
```

WILDENSEE:

```
//* SIRON/E VAR JCL
//* Definition von Ausgabedateien, allgemeine und persönliche
//ADATEI2         DD      DSN=SX2006.SX2006A.ADATEI2,DISP=(,PASS,
                         DELETE), DCB=(RECFM=FBA,LRECL=133,
                         BLKSIZE=3059), SPACE=(TRK,(50,2),RLSE),
                         UNIT=TEST
//ADATEI3         DD      SYSOUT=*,DCB=(RECFM=FBA,BLKSIZE=133)
//AUSGABE         DD      DSN=SX2006.SIROS.AUSGABE,DISP=SHR
//DRUCKAUS        DD      DSN=PRV.A1DVS.DRUCKAUS,DISP=SHR
```

SAP:

```
//SYSIN           DD      *
//* Start des Datenaustausches
$ NOPCX
$VEHZSAPE        EXECCOB
$                GO
```

7.3 Anhang C - Segmentbeschreibungen

Nachfolgend werden alle Segmentbeschreibungen in der Reihenfolge der Behandlung im Text dargestellt. Es ist jeweils pro Segment nur die erste Seite als Anhang beigefügt, da eine komplette Beigabe den Rahmen dieser Arbeit sprengen würde, für die Besprechung der Anbindung ist dies jedoch ausreichend.

Segmente:

MARA	QMARA, QMARB, QMARC, QMARD
LIFA	QLIFA, QLIFB, QLIFC
KUNA	QKUNA, QKUNB, QKUNC
KOST	QKOST
KOLA	QKOLA
SKSA	QSKSA, QSKSB, QSKSC
ANLA	QANLA
ABEZ	QBKPF, QBSEG
KOEP	QKOEP
BANF	QBANF
BEST	QBSBK, QBSPS
KONK	QKONK, QKONP
AUFK	QAUFK, QAUFC, QAUFT, QAUFP

Erklärung:

Die einzelnen Dateien bestehen aus einem oder mehreren Segmenten, die im Rahmen der Anbindung beschrieben werden müssen.

Segmentname :	QXXXX	Diese Segmentnamen sind als Segmente in die Adreßtafeln zu übernehmen
LAENGE :		Alle einzelnen Segmentlängen der Dateien ergeben ihre Gesamtdateilänge und sind als solche anzugeben, Ausnahme: Belegdateien mit mehr als zwei Segmenten, auf die mit SDAM zugegriffen wird und RFILE-Dateien mit mehr als einem Segment (z.B. AUFK oder KONK)
STAND :		Datum der letzten Segmentanpassung, nicht von Bedeutung für die Anbindung
SEGM-ID :		Segmentidentifikation, nicht von Bedeutung für die Anbindung
RELEASE :		alle Tafeln entsprechen dem SAP-R/2-Releasestand 5.0E

FELDNAME :	Die Feldnamen wurden so übernommen, um einen nachvollziehbaren und einheitlichen Zugriff zu gewährleisten. Sie können jedoch auch geändert werden (z.B. 'sprechender'
FELDDEC. :	Position innerhalb des Segments, die Position muß beibehalten werden.
ADRHEX :	Position innerhalb des Segments in Hexadezimalcode, nicht von Bedeutung

FLDTYP :

Feldtyp	Bedeutung	umzusetzen in SIRON
C	Charakter	C
X	hexadezimal	FU
P	numerisch, gepackt	FD

FELDLAENGE:	Länge eines Feldes oder Bereichs, z.b. auch Zusammenfassung von Feldern zu einer Feldgruppe
STELLENZAHL:	Bei numerischen Feldern entspricht dies der Angabe der Vor- und Nachkommastellen. In SIRON muß eine andere Darstellung gewählt werden. Die Vor- und Nachkommastellen müssen addiert werden zur Gesamtstellenzahl, nachfolgend muß die Nachkommastellenzahl genannt werden.

Bsp.: Segment-   GENAT
beschreib.

P	8.3	FD	11.3
X	2.1	FU	3.1

ABWINI :	Initialwert bei Nichtfüllung, notwendig für den Komprimierungsvorgang der DB, für Adreßtafeldefinition nicht von Bedeutung
FELDBESCHREIBUNG:	Kurztext zur Erklärung des Feldinhaltes
FELDGRUPPE:	Die Segmentbeschreibungen sind unterteilt in einzelne Feldgruppen, um eine erhöhte Nachvollziehbarkeit zu gewährleisten. Dieses kann, muß jedoch nicht in der Adreßtafel übernommen werden. Erklärende Einfügungen können in einer Adreßtafel über ' *% ' erfolgen, so z.B.

*% Feldgruppe 000 Länge 090 (MARA) .

QMARA   MATERIALSTAMM A-SEGMENT

LAENGE	: 1200	SEGM-ID	: MA
STAND	: 31031994	RELEASE	: 5.0E

FELD NAME	FELD-ADR DEC HEX	FLD TYP	FELD LAENGE	STELLEN ZAHL	ABW INI	FELDBESCHREI- BUNG
SGMLA	0 0000	X	2		X	Segmentlaenge
SGRSA	2 0002	X	2		X	Reserve
SARTA	4 0004	C	2		X	Segmentart
GMKYA	6 0006	C	(26)			
MANDA	6 0006	X	1			Mandant
MAFIA	7 0007	C	1		X	Master File ID
IDNRA	8 0008	C	18			Materialnummer
RESBA	26 001A	C	2			Domaene BUKRS
RESWA	28 001C	C	2			Domaene WERK
RESLA	30 001E	C	2			Domaene LGORT
	Feldgruppe	000	Laenge :	090		
LOEKA	35 0023	C	1			Loeschkennzeichen
LVORA	36 0024	C	1			Loeschvormerkung
VRSTA	37 0025	C	(9)			
RSKZA	37 0025	X	6			Restart-Feld (6-stellig)
VRS1A	43 002B	X	3			Restart-Feld (3-stellig)
TMSTA	46 002E	X	6			Zeitstempel
BEGRU	52 0034	C	2			
ERSDA	54 0036	C	8		NUL	Datum Ersterfassung
LAEDA	62 003E	C	8		NUL	Datum Erf./Aend./Loe.
KAEDA	70 0046	C	8		NUL	Datum letzte Katalogw.
AUSER	78 004E	C	12			Benutzername
MTART	90 005A	C	4			Materialart
MBRSH	94 005E	C	1			Materialtyp
SUBMT	95 005F	C	18		NUL	Substitutionsmaterial
STATA	113 0071	X	2			Bearbeitungsstatus
MLAKZ	115 0073	C	3			Mat.lagerkennzeichen

QMARB   MATERIALSTAMM B-SEGMENT

	LAENGE	: 700	SEGM-ID	: MB
	STAND	: 31031994	RELEASE	: 5.0E

FELD NAME	FELD-ADR DEC HEX	FLD TYP	FELD LAENGE	STELLEN ZAHL	ABW INI	FELDBESCHREI-BUNG
SGMLB	0 0000	X	2		X	Segmentlaenge
SGRSB	2 0002	X	2		X	Reserve
SARTB	4 0004	C	2		X	Segmentart
GMKYB	6 0006	C	(26)			
MANDB	6 0006	X	1			Mandant
MAFIB	7 0007	C	1		X	Master File ID
IDNRB	8 0008	C	18			Materialnummer
BUKRB	26 001A	C	2			Buchungskreis
RESWB	28 001C	C	2			Reserve Werk
RESLB	30 001E	C	2			Reserve Lagerort
	Feldgruppe	000	Laenge :	070		
LOEKB	35 0023	C	1			Loeschkennzeichen
LVORB	36 0024	C	1			Loeschvormerkung
VRSTB	37 0025	C	(9)			
RSKZB	37 0025	X	6			Restart-Feld (6-stellig)
VRS1B	43 002B	X	3			Restart-Feld (3-stellig)
TMSTB	46 002E	X	6			Zeitstempel
ERSDB	52 0034	C	8		NUL	Datum Ersterfassung
LAEDB	60 003C	C	8		NUL	Datum Erf./Aend./Loe.
KAEDB	68 0044	C	8		NUL	Datum letzte Katalogw.
BUSER	76 004C	C	12			Benutzername
STATB	88 0058	X	2			Bearbeitungsstatus
WAERS	90 005A	C	5			Waehrungsschluessel
MIS01	95 005F	C	1			Sprachenschluessel
MIT01	96 0060	X	4			Textnummer int. Verm.
KOANZ	100 0064	P	2	3		Anz. Rahmenvertraege

QMARC   MATERIALSTAMM C-SEGMENT

LAENGE	: 1800	SEGM-ID	: MC
STAND	: 31031994	RELEASE	: 5.0E

FELD NAME	FELD-ADR DEC HEX	FLD TYP	FELD LAENGE	STELLEN ZAHL	ABW INI	FELDBESCHREI- BUNG
SGMLC	0 0000	X	2		X	Segmentlaenge
SGRSC	2 0002	X	2		X	Reserve
SARTC	4 0004	C	2		X	Segmentart
GMKYC	6 0006	C	(26)			
MANDC	6 0006	X	1			Mandant
MAFIC	7 0007	C	1		X	Master File ID
IDNRC	8 0008	C	18			Materialnummer
BUKRC	26 001A	C	2			Buchungskreis
WERKC	28 001C	C	2			Werk
RESLC	30 001E	C	2			Reserve Lagerort
	Feldgruppe	000	Laenge :	064		
LOEKC	35 0023	C	1			Loeschkennzeichen
LVORC	36 0024	C	1			Loeschvormerkung
VRSTC	37 0025	C	(9)			
RSKZC	37 0025	X	6			Restart-Feld (6-stellig)
VRS1C	43 002B	X	3			Restart-Feld (3-stellig)
TMSTC	46 002E	X	6			Zeitstempel
ERSDC	52 0034	C	8		NUL	Datum Ersterfassung
LAEDC	60 003C	C	8		NUL	Datum Erf./Aend./Loe.
KAEDC	68 0044	C	8		NUL	Datum letzte Katalogw.
CUSER	76 004C	C	12			Benutzername
STATC	88 0058	X	2			Bearbeitungsstatus
LRSNR	90 005A	P	3	5		letzte vergebene Reserv.
GBNDK	93 005D	C	1		NUL	Sonderbestandskennz.
KZDCH	94 005E	C	1			Kennz. Dummycharge
EQPFL	95 005F	C	1			Kennz. Equipmentpfl.

QMARD   MATERIALSTAMM D-SEGMENT

	LAENGE	: 600	SEGM-ID	: MD
	STAND	: 31031994	RELEASE	: 5.0E

FELD NAME	FELD-ADR DEC HEX	FLD TYP	FELD LAENGE	STELLEN ZAHL	ABW INI	FELDBESCHREI-BUNG
SGMLD	0 0000	X	2		X	Segmentlaenge
SGRSD	2 0002	X	2		X	Reserve
SARTD	4 0004	C	2		X	Segmentart
GMKYD	6 0006	C	(26)			
MANDD	6 0006	X	1			Mandant
MAFID	7 0007	C	1		X	Master File ID
IDNRD	8 0008	C	18			Materialnummer
BUKRD	26 001A	C	2			Buchungskreis
WERKD	28 001C	C	2			Werk
LGONR	30 001E	C	2			Lagerort
	Feldgruppe	000	Laenge :	065		
LFDMD	35 0023	C	2			lfd. Monat
LFDJD	37 0025	C	4		NUL	lfd. Geschaeftsjahr
LOEKD	41 0029	C	1			Loeschkennzeichen
LVORD	42 002A	C	1			Loeschvormerkung
VRSTD	43 002B	C	(9)			
RSKZD	43 002B	X	6			Restart-Feld (6-stellig)
VRS1D	49 0031	X	3			Restart-Feld (3-stellig)
TMSTD	52 0034	X	6			Zeitstempel
ERSDD	58 003A	C	8		NUL	Datum Ersterfassung
LAEDD	66 0042	C	8		NUL	Datum letzte Aenderung
KAEDD	74 004A	C	8		NUL	Datum letzte Katalogw.
DUSER	82 0052	C	12			Benutzername
STATD	94 005E	X	2			Bearbeitungsstatus
SPERR	96 0060	C	1			glob. Invent.sperrkennz.

QLIFA   KREDITOREN A-SEGMENT

LAENGE	: 1000	SEGM-ID : KA
STAND	: 15031995	RELEASE : 5.0E

FELD NAME	FELD-ADR DEC HEX	FLD TYP	FELD LAENGE	STELLEN ZAHL	ABW INI	FELDBESCHREIBUNG
RCSZA	0 0000	X	2		X	Segmentlaenge
RCFVA	2 0002	X	2		X	Reserve fuer VSAM
RCIDA	4 0004	C	2		X	Segmentart
GKKYA	6 0006	C	(16)			
MANDA	6 0006	X	1			Mandant
KTOAA	7 0007	C	1		X	Kontoart
KTNRA	8 0008	C	8			Lieferantennummer
RESBA	16 0010	X	2			Reserve fuer BUKRS
RESCA	18 0012	X	4			Reserve fuer GJAHR
	Feldgruppe	000	Laenge :	112		
STATA	25 0019	X	1			Bearbeitungsstatus
ERDAT	26 001A	C	8		NUL	Erfassungsdatum Satz
ERNAM	34 0022	C	8			Erfass.sachbearbeiter
LOEKA	42 002A	C	1			Sperr-/Loeschkennz.
LOEVM	43 002B	C	1			Loeschvormerkung
KTOKL	44 002C	C	4			Kontogruppe
NAME1	48 0030	C	30			Name Kreditor
PLORT	78 004E	C	(35)			
PSTLZ	78 004E	C	10		NUL	Postleitzahl
ORT01	88 0058	C	25		NUL	Ort
SPRAS	113 0071	C	1		NUL	Sprachenschluessel
LAND1	114 0072	C	3			Laenderschluessel
WAERS	117 0075	C	5			Waehrungsschluessel
SORTL	122 007A	C	10			Sortierfeld

QLIFB   KREDITOREN B-SEGMENT

	LAENGE	: 460	SEGM-ID	: KB
	STAND	: 31031994	RELEASE	: 5.0E

FELD NAME	FELD-ADR DEC HEX	FLD TYP	FELD LAENGE	STELLEN ZAHL	ABW INI	FELDBESCHREIBUNG
RCSZB	0 0000	X	2		X	Segmentlaenge
RCFVB	2 0002	X	2		X	Reserve fuer VSAM
RCIDB	4 0004	C	2		X	Segmentart
GKKYB	6 0006	C	(16)			
MANDB	6 0006	X	1			Mandant
KTOAB	7 0007	C	1		X	Kontoart
KTNRB	8 0008	C	8			
BUKRB	16 0010	C	2		NUL	Buchungskreis
RESCB	18 0012	X	4			Reserve fuer GJAHR
	Feldgruppe	000	Laenge :	047		
STATB	25 0019	X	1			Bearbeitungsstatus
ERDAB	26 001A	C	8		NUL	Erfassungsdatum Satz
ERNAB	34 0022	C	8			Erfass.sachbearbeiter
SGCTL	42 002A	X	1			Segmentsteuerung
LOEKB	43 002B	C	1			Sperr-/Loeschkennz.
LOEVB	44 002C	C	1			Loeschvormerkung
LAGLZ	45 002D	P	2	3		
ZUAWA	47 002F	X	1			Auswahlschluessel
VBUND	48 0030	C	4			Firmenverbund
LFDJA	52 0034	C	4		NUL	lfd. Jahr
AKONT	56 0038	C	8		NUL	Abstimmkonto
BEGRU	64 0040	C	2			Berechtigungsgruppe
VZSKZ	66 0042	C	2			Verzinsungskennzeichen
GBRKZ	68 0044	C	1			Geschaeftsber.kennz.

QLIFC   KREDITOREN C-SEGMENT

	LAENGE	: 580	SEGM-ID	: KC
	STAND	: 31031994	RELEASE	: 5.0E

FELD NAME	FELD-ADR DEC HEX	FLD TYP	FELD LAENGE	STELLEN ZAHL	ABW INI	FELDBESCHREI-BUNG
RCSZC	0 0000	X	2		X	Segmentlaenge
RCFVC	2 0002	X	2		X	Reserve fuer VSAM
RCIDC	4 0004	C	2		X	Segmentart
GKKYC	6 0006	C	(16)			
MANDC	6 0006	X	1			Mandant
KTOAC	7 0007	C	1		X	Kontoart
KTNRC	8 0008	C	8			
BUKRC	16 0010	C	2		NUL	Buchungskreis
JAHRC	18 0012	C	4		NUL	Geschäftsjahr
	Feldgruppe	000	Laenge :	026		
ERDAC	25 0019	C	8		NUL	Erfassungsdatum Satz
ERNAC	33 0021	C	8			Erfass.sachbearbeiter
KUMUM	41 0029	P	7	11.2		Jahresumsatz
	Feldgruppe	001	Laenge :	248		
SLVFW	51 0033	P	7	11.2		Saldo in Fremdwaehr.
SLJFW	58 003A	P	7	11.2		Saldo in Fremdwaehr.
UMSAV	65 0041	P	7	11.2		Saldovortrag in Hausw.
UM01S	72 0048	P	7	11.2		Soll- und Habenumsatz
UM01H	79 004F	P	7	11.2		Soll- und Habenumsatz
UM02S	86 0056	P	7	11.2		Soll- und Habenumsatz
UM02H	93 005D	P	7	11.2		Soll- und Habenumsatz
UM03S	100 0064	P	7	11.2		Soll- und Habenumsatz
UM03H	107 006B	P	7	11.2		Soll- und Habenumsatz.
UM04S	114 0072	P	7	11.2		Soll- und Habenumsatz
UM04H	121 0079	P	7	11.2		Soll- und Habenumsatz.

QKUNA   KUNDENSTAMM A-SEGMENT

	LAENGE	: 900	SEGM-ID	: DA
	STAND	: 15031995	RELEASE	: 5.0E

FELD NAME	FELD-ADR DEC HEX	FLD TYP	FELD LAENGE	STELLEN ZAHL	ABW INI	FELDBESCHREI-BUNG
RCSZA	0 0000	X	2		X	Segmentlaenge
RCFVA	2 0002	X	2		X	Reserve fuer VSAM
RCIDA	4 0004	C	2		X	Segmentart
GDKYA	6 0006	C	(16)			
MANDA	6 0006	X	1			Mandant
KTOAA	7 0007	C	1		X	Kontoart
KTNRA	8 0008	C	8			Kundennummer
RESBA	16 0010	X	2			Reserve fuer BUKRS
RESCA	18 0012	X	4			Reserve fuer GJAHR
	Feldgruppe	000	Laenge :	112		
STATA	25 0019	X	1			Bearbeitungsstatus
ERDAT	26 001A	C	8		NUL	Erfassungsdatum Satz
ERNAM	34 0022	C	8			Erfass.sachbearbeiter
KTOKL	42 002A	C	4			Kontogruppe
LOEKA	46 002E	C	1			Sperr-/Loeschkennz.
LOEVM	47 002F	C	1			Loeschvormerkung
NAME1	48 0030	C	30			Name
PLORT	78 004E	C	(35)			
PSTLZ	78 004E	C	10			Postleitzahl
ORT01	88 0058	C	25			Ort
SPRAS	113 0071	C	1			Sprachenschluessel
LAND1	114 0072	C	3			Laenderschluessel
WAERS	117 0075	C	5			Waehrungsschluessel
SORTL	122 007A	C	10			Sortierfeld

QKUNB   KUNDENSTAMM B-SEGMENT

	LAENGE	: 1100	SEGM-ID	: DB
	STAND	: 31031994	RELEASE	: 5.0E

FELD NAME	FELD-ADR DEC HEX	FLD TYP	FELD LAENGE	STELLEN ZAHL	ABW INI	FELDBESCHREI- BUNG
RCSZB	0 0000	X	2		X	Segmentlaenge
RCFVB	2 0002	X	2		X	Reserve fuer VSAM
RCIDB	4 0004	C	2		X	Segmentart
GDKYB	6 0006	C	(16)			
MANDB	6 0006	X	1			Mandant
KTOAB	7 0007	C	1		X	Kontoart
KTNRB	8 0008	C	8			Kundennummer
BUKRB	16 0010	C	2		NUL	Buchungskreis
RESCB	18 0012	X	4		.	Reserve fuer GJAHR
	Feldgruppe	000	Laenge :	046		
STATB	25 0019	X	1			Bearbeitungsstatus
ERDAB	26 001A	C	8		NUL	Erfassungsdatum Satz
ERNAB	34 0022	C	8			Erfass.sachbearbeiter
SGCTL	42 002A	X	1			Segmentsteuerung
LOEKB	43 002B	C	1			Sperr-/Loeschkennz.
LOEVB	44 002C	C	1			Loeschvormerkung
LAGLZ	45 002D	P	2	3		
ZUAWA	47 002F	X	1			Auswahlschluessel
VBUND	48 0030	C	4			Firmenverbund
BUSAB	52 0034	C	2		NUL	Buchhalt.sachbearbeiter
AKONT	54 0036	C	8		NUL	Abstimmkonto
BEGRU	62 003E	C	2			Berechtigungsgruppe
VZSKZ	64 0040	C	2			Verzinsungskennzeichen
KBVER	66 0042	C	1			Kreditorenverrechnung

QKUNC   KUNDENSTAMM C-SEGMENT

LAENGE	: 620	SEGM-ID	: DC
STAND	: 31031994	RELEASE	: 5.0E

FELD NAME	FELD-ADR DEC HEX	FLD TYP	FELD LAENGE	STELLEN ZAHL	ABW INI	FELDBESCHREI-BUNG
RCSZC	0 0000	X	2		X	Segmentlaenge
RCFVC	2 0002	X	2		X	Reserve fuer VSAM
RCIDC	4 0004	C	2		X	Segmentart
GDKYC	6 0006	C	(16)			
MANDC	6 0006	X	1			Mandant
KTOAC	7 0007	C	1		X	Kontoart
KTNRC	8 0008	C	8			
BUKRC	16 0010	C	2		NUL	Buchungskreis
JAHRC	18 0012	C	4		NUL	Geschäftsjahr
	Feldgruppe	000	Laenge :	035		
ERDAC	25 0019	C	8		NUL	Erfassungsdatum Satz
ERNAC	33 0021	C	8			Erfass.sachbearbeiter
KUMUM	41 0029	P	7	11.2		Jahresumsatz
ANZAU	48 0030	P	2	3		Anz. Auftr. im lfd. Jahr
AJWRT	50 0032	P	7	11.2		Auftr.wert im lfd. Jahr
	Feldgruppe	001	Laenge :	248		
SLVFW	60 003C	P	7	11.2		Saldo in Fremdwaehr.
SLJFW	67 0043	P	7	11.2		Saldo in Fremdwaehr.
UMSAV	74 004A	P	7	11.2		Saldovortrag in Hausw.
UM01S	81 0051	P	7	11.2		Soll- und Habenumsatz
UM01H	88 0058	P	7	11.2		Soll- und Habenumsatz
UM02S	95 005F	P	7	11.2		Soll- und Habenumsatz
UM02H	102 0066	P	7	11.2		Soll- und Habenumsatz
UM03S	109 006D	P	7	11.2		Soll- und Habenumsatz
UM03H	116 0074	P	7	11.2		Soll- und Habenumsatz

QKOST   KOSTENSTELLENSTAMM

                 LAENGE   : 600   SEGM-ID   : CA
                 STAND   : 31031994   RELEASE   : 5.0E

FELD NAME	FELD-ADR DEC HEX	FLD TYP	FELD LAENGE	STELLEN ZAHL	ABW INI	FELDBESCHREI- BUNG
RCSZK	0 0000	X	2		X	Segmentlaenge
RCFVK	2 0002	X	2		X	
RCIDK	4 0004	C	2		X	Segmentart
KOSKY	6 0006	C	(20)			
MANDK	6 0006	X	1			Mandant
SATYP	7 0007	C	(1)			
MAFID	7 0007	C	1		X	
BUKRS	8 0008	C	2		NUL	Buchungskreis
GJAHR	10 000A	C	4		NUL	Geschaeftsjahr
WPLAN	14 000E	C	(10)			
WERKS	14 000E	C	2			Werk
KOSTL	16 0010	C	8		NUL	Kostenstelle
RESKT	24 0018	C	2			Reserve
	Feldgruppe	000	Laenge :	047		
ERDAK	29 001D	C	8		NUL	Sammeldatum
ERNAK	37 0025	C	8			
AEDAT	45 002D	C	8		NUL	Sammeldatum
AWERK	53 0035	C	2			Werk
AKOST	55 0037	C	8		NUL	Kostenstelle
NWERK	63 003F	C	2			Werk
NKOST	65 0041	C	8		NUL	Kostenstelle
	Feldgruppe	001	Laenge :	007		
SPRKZ	76 004C	C	1		X	Sperrkennz. Ist-Buch.
LOEKZ	77 004D	C	1		X	Loeschvormerkung
BBUKZ	78 004E	C	1		X	bebuchbare Kostenst.
BPLKZ	79 004F	C	1		X	Beplanbare Kostenst.

QKOLA   KOSTEN/LEISTUNGSARTEN STAMMSATZ

LAENGE	: 4000		SEGM-ID	: KL	
STAND	: 31031994		RELEASE	: 5.0E	

FELD NAME	FELD-ADR DEC HEX	FLD TYP	FELD LAENGE	STELLEN ZAHL	ABW INI	FELDBESCHREI-BUNG
RCSZK	0 0000	X	2		X	Segmentlaenge
RCFVK	2 0002	X	2		X	Reservefeld
RCIDK	4 0004	C	2		X	Segmentidentifikation
KOLKY	6 0006	C	(62)			
KOLKX	6 0006	C	62		X	KOLA-Key in X-Def.
KOLKZ	6 0006	X	62		X	Hex-Feld fuer KOLKY
MANDT	6 0006	C	(1)			
MANDK	6 0006	X	1			Mandant
SATYO	7 0007	C	1			Satztyp Obligo
SATYM	8 0008	C	1			Satztyp Mittelueberw.
BUKRS	9 0009	C	2		NUL	Buchungskreis
GJAHR	11 000B	C	4		NUL	GJahr/Planjahr
SATYP	15 000F	C	1			Satztyp
HIEKZ	16 0010	C	1			Hierarchiekennzeichen
KOSID	17 0011	C	(10)			
WERKS	17 0011	C	2		`	Werk
KOSTL	19 0013	C	8		NUL	Kostenstelle
KSTAR	27 001B	C	8		NUL	Kostenart
LSTAR	35 0023	C	3			Leistungsartenschluessel
ULTAR	38 0026	C	3			Unterleistungsartenschl.
LKOID	41 0029	C	(10)			
LWERK	41 0029	C	2			Werk der leistenden KSt
LKOST	43 002B	C	8		NUL	leistende Kostenstelle
LLSTA	51 0033	C	3			Leistungsartenschluessel
LULTA	54 0036	C	3			Unterleistungsartenschl.
KEYKZ	57 0039	C	1			Kennz. Satz aus stat. B.
IPKZN	58 003A	C	1			Ist-/Plankennzeichen

QSKSA   SACHKONTEN A-SEGMENT

	LAENGE	: 200	SEGM-ID	: SA
	STAND	: 31031994	RELEASE	: 5.0E

FELD NAME	FELD-ADR DEC HEX	FLD TYP	FELD LAENGE	STELLEN ZAHL	ABW INI	FELDBESCHREI-BUNG
RCSZA	0 0000	X	2		X	Segmentlaenge
RCFVA	2 0002	X	2		X	Reservefeld fuer VSAM
RCIDA	4 0004	C	2		X	Segmentart
GSKYA	6 0006	C	(18)			
MANDA	6 0006	X	1			Mandant
KTOAA	7 0007	C	1		X	Kontoart
KTNRA	8 0008	C	8			Sachkontonummer
RESBA	16 0010	X	2			Reserve fuer BUKRS
RESCA	18 0012	C	(6)			
RCAGJ	18 0012	X	4			Reserve fuer GJAHR
RCAGB	22 0016	X	2			Reserve fuer Gesch.ber.
	Feldgruppe	000	Laenge :	077		
LOEKA	27 001B	C	1			Sperr-/Loeschkennz.
LOEVM	28 001C	C	1			Loeschvormerkung
ERDAT	29 001D	C	8		NUL	Erfassungsdatum
ERNAM	37 0025	C	8			Erfass.sachbearbeiter
KTOKL	45 002D	C	4			Kontogruppe
SKBEZ	49 0031	C	50			Sachkontenbezeichnung
SPRAS	99 0063	C	1			Sprachenschluessel
PLANA	100 0064	C	1			Planungsindikator - A
	Feldgruppe	001	Laenge :	035		
VRS11	104 0068	C	2		NUL	Verdichtungsschluessel
BISS1	106 006A	C	7		NUL	Steuerungsschluessel
BISH1	113 0071	C	7		NUL	Steuerungsschluessel
VRS21	120 0078	C	2		NUL	Verdichtungsschluessel
BISS2	122 007A	C	7		NUL	Steuerungsschluessel
BISH2	129 0081	C	7		NUL	Steuerungsschluessel

QSKSB   SACHKONTEN B-SEGMENT

	LAENGE	: 340	SEGM-ID	: SB
	STAND	: 31031994	RELEASE	: 5.0E

FELD NAME	FELD-ADR DEC HEX	FLD TYP	FELD LAENGE	STELLEN ZAHL	ABW INI	FELDBESCHREI-BUNG
RCSZB	0 0000	X	2		X	Segmentlaenge
RCFVB	2 0002	X	2		X	Reservefeld fuer VSAM
RCIDB	4 0004	C	2		X	Segmentart
GSKYB	6 0006	C	(18)			
MANDB	6 0006	X	1			Mandant
KTOAB	7 0007	C	1		X	Kontoart
KSTAR	8 0007	C	(8)			
KTNRB	8 0008	C	8			Sachkontonummer
BUKRB	16 0010	C	2		NUL	Buchungskreis
RESCB	18 0012	C	(6)			
RCBGJ	18 0012	X	4			Reserve fuer GJAHR
RCBGB	22 0016	X	2			Reserve fuer Gesch.ber.
	Feldgruppe	000	Laenge :	047		
LOEKB	27 001B	C	1			Sperr-/Loeschkennz.
LOEVB	28 001C	C	1			Loeschvormerkung
ERDAB	29 001D	C	8		NUL	Erfassungsdatum
ERNAB	37 0025	C	8			Erfass.sachbearbeiter
LAGLZ	45 002D	P	2	3		
ZUAWA	47 002F	X	1			Auswahlschluessel
MBILA	48 0030	C	(8)			
FAUSW	48 0030	X	8			Feldauswahlmaske
BSTEU	56 0038	C	1			Kontoklassifizierung
SGCTL	57 0039	X	1			Segmentsteuerung
MWSKZ	58 003A	C	2		NUL	Mehrwertsteuerkennz.
WAERS	60 003C	C	5			Waehrungsschluessel
GBRKZ	65 0041	C	1			Kennzeichen Gesch.ber.

QSKSC   SACHKONTEN C-SEGMENT

| | LAENGE | : 560 | SEGM-ID | : SC |
| | STAND | : 31031994 | RELEASE | : 5.0E |

FELD NAME	FELD-ADR DEC HEX	FLD TYP	FELD LAENGE	STELLEN ZAHL	ABW INI	FELDBESCHREIBUNG
RCSZC	0 0000	X	2		X	Segmentlaenge
RCFVC	2 0002	X	2		X	Reservefeld fuer VSAM
RCIDC	4 0004	C	2		X	Segmentart
GSKYC	6 0006	C	(18)			
MANDC	6 0006	X	1			Mandant
KTOAC	7 0007	C	1		X	Kontoart
KTNRC	8 0008	C	8			Sachkontonummer
BUKRC	16 0010	C	2		NUL	Buchungskreis
JAHRC	18 0012	C	4		NUL	Geschaeftsjahr
GSBER	22 0016	C	2			Geschaeftsbereich
	Feldgruppe	000	Laenge :	076		
ERDAC	27 001B	C	8		NUL	Erfassungsdatum
ERNAC	35 0023	C	8			Erfass.sachbearbeiter
KUMUM	43 002B	P	7	11.2		Jahresumsatz
	Feldgruppe	001	Laenge :	248		
SLVFW	53 0035	P	7	11.2		Saldo in Fremdwaehr.
SLJFW	60 003C	P	7	11.2		Saldo in Fremdwaehr.
UMSAV	67 0043	P	7	11.2		Saldovortrag in Hausw.
UM01S	74 004A	P	7	11.2		Soll- und Habenumsatz
UM01H	81 0051	P	7	11.2		Soll- und Habenumsatz
UM02S	88 0058	P	7	11.2		Soll- und Habenumsatz
UM02H	95 005F	P	7	11.2		Soll- und Habenumsatz
UM03S	102 0066	P	7	11.2		Soll- und Habenumsatz
UM03H	109 006D	P	7	11.2		Soll- und Habenumsatz
UM04S	116 0074	P	7	11.2		Soll- und Habenumsatz
UM04H	123 007B	P	7	11.2		Soll- und Habenumsatz

QANLA   ANLAGENSTAMM

	LAENGE	: 3800	SEGM-ID	: A
	STAND	: 31031994	RELEASE	: 5.0E

FELD NAME	FELD-ADR DEC HEX	FLD TYP	FELD LAENGE	STELLEN ZAHL	ABW INI	FELDBESCHREI- BUNG
GESLA	0 0000	X	2		X	Gesamtlaenge
RECFV	2 0002	X	2		X	Reservefeld fuer VSAM
SEGAR	4 0004	C	2		X	Segmentart
ANLKY	6 0006	C	(18)			
MANDA	6 0006	X	1			Mandant
KTOAA	7 0007	C	1		NUL	Kontoart
ANLK1	8 0008	C	(16)			
BUKRS	8 0008	C	2			Buchungskreis
ANLN0	10 000A	X	3		X	int. Teil d. Anl.nummer
ANLN1	13 000D	C	8		NUL	Anlagenhauptnummer
ANLN2	21 0015	C	3		NUL	Anlagenunternummer
	Feldgruppe	000	Laenge :	033		
BEGRU	27 001B	C	2			Berechtigungsgruppe
LOEKZ	29 001D	C	1			Loesch-/Sperrkennz.
RSKZC	30 001E	X	6		X	Restart-Kennzeichen
LAGLZ	36 0024	P	2	3		
ZUAWA	38 0026	X	1			Zuordnungsschluessel
TMSTC	39 0027	X	6		X	Restart-Timestamp
ERNAM	45 002D	C	12			Ersass.sachbearbeiter
	Feldgruppe	001	Laenge :	086		
SSTAT	60 003C	C	1			Status Anl.stammsatz
ANLKL	61 003D	C	4		NUL	Anlagenklasse
ANLUE	65 0041	C	8		NUL	Anlagenuebernummer
ERDAT	73 0049	C	8		NUL	Erfassungsdatum
AKTSW	81 0051	C	1			Aktivierungskennz.
KGSJA	82 0052	C	4		NUL	kumul. Geschaeftsjahre

QBKPF   BELEGKOPF BUCHHALTUNGSBELEGE

	LAENGE	: 250	SEGM-ID	: BK
	STAND	: 31031994	RELEASE	: 5.0E

FELD NAME	FELD-ADR DEC HEX	FLD TYP	FELD LAENGE	STELLEN ZAHL	ABW INI	FELDBESCHREI-BUNG
BELKO	0 0000	C	(2)			
RCSZB	0 0000	X	2		X	Belegkopflaenge
RCFVB	2 0002	X	2		X	Reserve fuer VSAM
RCIDB	4 0004	C	2		X	Segmentart
	Feldgruppe	000	Laenge :	094		
BLART	9 0009	C	2			Belegart
MANDT	11 000B	X	1			Mandant
BUKRS	12 000C	C	2		NUL	Buchungskreis
BELNR	14 000E	C	8		NUL	Belegnummer
BLDAT	22 0016	C	8		NUL	Belegdatum
BUDAT	30 001E	C	8		NUL	Buchungsdatum
BUPER	38 0026	C	6		NUL	Buchungsperiode
BUPEJ	38 0026	C	4		NUL	GJAHR der Buch.per.
BUPEM	42 002A	C	2		NUL	Monat der Buch.periode
RBUSV	44 002C	X	1			Rueckbuch.kennzeichen
WAERS	45 002D	C	5			Waehrungsschluessel
XBLNR	50 0032	C	10			Referenzangabe
CPUDT	60 003C	C	8		NUL	CPU-Datum
CPUTM	68 0044	C	6		NUL	CPU-Zeit
USRID	74 004A	C	12			Erfass.sachbearbeiter
V74FL	86 0056	X	1			Verbuch.steuer.g VB74
KONKZ	87 0057	C	1			Konsolid.kennzeichen
STAKZ	88 0058	X	1			Statistikkennzeichen
BLNDB	89 0059	C	8		NUL	int. Refer.belegnummer
STOKZ	97 0061	C	1			Stornokennzeichen
VGART	98 0062	C	2			Vorgangsart RM

QBSEG   BELEGSEGMENT: BUCHHALTUNGSBELEGE

LAENGE	: 3400	SEGM-ID	: BP
STAND	: 31031994	RELEASE	: 5.0E

FELD NAME	FELD-ADR DEC HEX	FLD TYP	FELD LAENGE	STELLEN ZAHL	ABW INI	FELDBESCHREI-BUNG
RCSZS	0 0000	X	2		X	Gesamtlaenge
RCFVS	2 0002	X	2		X	Reservefeld fuer VSAM
RCIDS	4 0004	C	2		X	Segmentart
SGART	6 0006	X	1			Segmenttyp
SGBYT	7 0007	X	1			Segmentsteuerbyte
BUZEI	8 0008	X	1			Buchungszeile
	Feldgruppe	000	Laenge:	007		
MATCB	12 000C	X	1			Materialsteuerbyte
AUSZB	13 000D	X	1			Ausziffersteuerungsbyte
BUZID	14 000E	C	1			Buchungszeilenindikator
UMSKS	15 000F	C	1			Umsatzart
	Feldgruppe	001	Laenge :	007		
SGBYF	19 0013	X	1			Steuerbyte Buchhalt.
SGBYM	20 0014	X	1			Steuerbyte Mat.wirts.
SGBYC	21 0015	X	1			Steuerbyte Kostenrechn.
SGBYH	22 0016	X	1			Steuerbyte Auftragsabr.
	Feldgruppe	002	Laenge :	043		
BSCHL	26 001A	C	2		X	Buchungsschluessel
UMSKZ	28 001C	C	1			Umsatzkennzeichen
SHKZG	29 001D	C	1			Soll-/Haben-Kennz.
KOART	30 001E	C	1			Kontoart
HKONT	31 001F	C	8		NUL	Hauptbuchkonto
DMBTR	39 0027	P	6	9.2		S/H-Betrag
DMSOL	39 0027	P	6	9.2	X	Soll-Betrag
DMHAB	39 0027	P	6	9.2	X	Haben-Betrag
DMSHB	39 0027	P	6	9.2	X	S/H-Betrag

QKOEP KOSTENRECHNUNG EINZELPOSTEN

LAENGE	: 800	SEGM-ID	: KE
STAND	: 31031994	RELEASE	: 5.0E

FELD NAME	FELD-ADR DEC HEX	FLD TYP	FELD LAENGE	STELLEN ZAHL	ABW INI	FELDBESCHREI-BUNG
KOEP1	0 0000	X	2		X	max. Segmentlaenge
KOEP2	2 0002	X	2		X	Reservefeld
KOEP3	4 0004	C	2		X	Segmentidentifikation
KOEKY	6 0006	C	60		X	KOEP-KEY
KOEKX	6 0006	X	60		X	KOEP-KEY in Hex
MANDT	6 0006	X	1			Mandant
BUKRS	7 0007	C	2		NUL	Buchungskreis
GJAHR	9 0009	C	4		NUL	Geschaeftsjahr
SATYP	13 000D	C	1			Satztyp
REDE1	14 000E	C	16		NUL	Redef. 1 f. Datei KOEP
WERKS	14 000E	C	2		NUL	Werk
KOST1	16 0010	C	(8)			
KOSTL	16 0010	C	8		NUL	Kostenstelle
AUFNR	14 000E	C	8		NUL	Auftragsnummer
AUFPS	22 0016	C	2		NUL	Pos.nummer d. Auftrags
PROJN	14 000E	C	16		NUL	Projektnummer
KSTAR	30 001E	C	8		NUL	Kostenart
BUMON	38 0026	C	2		NUL	Buchungsmonat
LSTAR	40 0028	C	3			Leist.artenschluessel
ULTAR	43 002B	C	3			Unterleist.artenschl.
BSCHL	46 002E	C	2			Buchungsschluessel
BELTY	48 0030	C	1			Belegtyp
BELNR	49 0031	C	8		NUL	Belegnummer
BUZEI	57 0039	X	1			Buchungszeile
RESCT	58 003A	X	1			Step-Counter
EBUKR	59 003B	C	2		NUL	RF-Buchungskreis

QBANF   BESTELLANFORDERUNG

LAENGE   : 500   SEGM-ID   : E1
STAND   : 31031994   RELEASE   : 5.0E

FELD NAME	FELD-ADR DEC HEX	FLD TYP	FELD LAENGE	STELLEN ZAHL	ABW INI	FELDBESCHREI- BUNG
SEGSZ	0 0000	X	2		X	max. Segmentlaenge
RESRV	2 0002	X	2		X	Reservefeld/RECFM =V
SEGID	4 0004	C	2		X	Segmentidentifikation
GBKEY	6 0006	C	(39)			
MANDA	6 0006	X	1			Mandant
MAFID	7 0007	C	1			Master File ID
BUKRS	8 0008	C	2			Buchungskreis
WERKS	10 000A	C	2			Werk
MATNR	12 000C	C	18		NUL	Materialnummer
BANFN	30 001E	C	8		NUL	Best.anford.nummer
BNFPO	38 0026	C	5		NUL	Pos.nummer der BANF
KNTPO	43 002B	C	3		NUL	Pos.nummer der Kont.
	Feldgruppe	000	Laenge :	052		
BSART	48 0030	C	2			Bestell-/Vertragsart
BSAKZ	50 0032	C	1			Best.artenkennzeichen
BSTAT	51 0033	C	1			Bearb.status d. Best.
ESTKZ	52 0034	C	1			Erstellungskennzeichen
FRGKZ	53 0035	C	1			Freigabekennzeichen
FRGZU	54 0036	C	8			Freigabezustand BANF
FRGST	62 003E	C	2			Freigabestrategie
AEDAT	64 0040	C	8		NUL	Erfas./Aend./Loeschdat.
BLOEK	72 0048	C	1			Loeschkennzeichen
SBNAM	73 0049	C	12			Sachbearbeitername
AFNAM	85 0055	C	12			Anforderer
	Feldgruppe	001	Laenge :	028		
LGORT	100 0064	C	2			Lagerort
MATKL	102 0066	C	9			Mat.klasse/Warengrup.

QBSBK   BELEGKOPF BESTELLUNGEN

| | LAENGE | : 980 | SEGM-ID | : EK |
| | STAND | : 15031995 | RELEASE | : 5.0E |

FELD NAME	FELD-ADR DEC HEX	FLD TYP	FELD LAENGE	STELLEN ZAHL	ABW INI	FELDBESCHREIBUNG
BELKO	0 0000	C	(2)			
KOPFL	0 0000	X	2		X	Laenge des B.kopfsatzes
RESRV	2 0002	X	2		X	Reserve RECFM=V
KSEGI	4 0004	C	2		X	Segmentidentifikation
BSBKB	6 0006	C	(1)			
MANDT	6 0006	X	1			Mandant
BSTYP	7 0007	C	1			Bestell-/Vertragstyp
BUKRS	8 0008	C	2			Buchungskreis
KTRNR	10 000A	C	(8)			
BELNR	10 000A	C	(8)			
BSTNR	10 000A	C	8		NUL	Bestellnummer
BLART	18 0012	C	2		X	Belegart
AUFZL	20 0014	P	3	3		Anzahl Best.positionen
KPRES	22 0016	C	13			Reserve
	Feldgruppe	000	Laenge :	106		
KTART	38 0026	C	(2)			
BSART	38 0026	C	2			Bestell-/Vertragsart
BSAKZ	40 0028	C	1			Bestellartenkennzeichen
LOEKZ	41 0029	C	1			Loeschkennzeichen
STATU	42 002A	C	1			Loeschvormerkung
BEDAT	43 002B	C	8		NUL	Erstellungsdatum
KAEDT	51 0033	C	8		NUL	Erfas./Aend./Loeschdat.
SBNAM	59 003B	C	12			Sachbearbeitername
KAEVR	71 0047	X	4			Aend.variable B.Kopf
BSCHR	75 004B	C	1			Kennz. f. Best./Rahm.
BESVR	76 004C	C	1			Kennzeichen
ETDRU	77 004D	C	1			Kennz. f. Lieferplanein.

QBSPS   BELEGSEGMENT BESTELLUNGEN

	LAENGE	: 1430	SEGM-ID	: EP
	STAND	: 31031994	RELEASE	: 5.0E

FELD NAME	FELD-ADR DEC HEX	FLD TYP	FELD LAENGE	STELLEN ZAHL	ABW INI	FELDBESCHREI-BUNG
SEGML	0 0000	X	2		X	Laenge d. Bestellpos.
RESRV	2 0002	X	2		X	Reserve
SSEGI	4 0004	C	2		X	Segmentidentifikation
BSPSB	6 0006	C	(1)			
SGART	6 0006	X	1			Segmentart
SGBYT	7 0007	X	1			Segmentsteuerbyte
BUZID	8 0008	C	(2)			
BUZEI	8 0008	X	1			Positionsnummer
BUZ02	9 0009	X	1			Kont.positionsnummer
MATCB	10 000A	X	1		NUL	Materialsteuerbyte
SGBYC	11 000B	X	1		X	Segmentsteuerbyte
BUKRS	12 000C	C	2			Buchungskreis
BSTPO	14 000E	C	(2)			
POSNR	14 000E	P	2	3		Belegpositionsnummer
KFLAG	16 0010	X	1			int. Kennz. f. Kontierung
RESPO	17 0011	C	18			Reserve
	Feldgruppe	000	Laenge :	034		
LOEKZ	38 0026	C	1			Loeschkennzeichen
STATU	39 0027	C	1			Status d. Einkaufsbelegs
PAEVR	40 0028	X	4			Aend.variable Best.pos.
PAEDT	44 002C	C	8		NUL	Erfas./Aend./Loeschdat.
PTXTL	52 0034	X	1			Best.pos.artenkennz.
BPOTS	53 0035	C	(1)			
TXS01	53 0035	C	1			Sprachenschluessel Pos.
TXN01	54 0036	X	4			Textnummer Pos.text

QAUFK AUFTRAGSKOPFSEGMENT

LAENGE	: 400			SEGM-ID	: OR	
STAND	: 31031994			RELEASE	: 5.0E	

FELD NAME	FELD-ADR DEC HEX	FLD TYP	FELD LAENGE	STELLEN ZAHL	ABW INI	FELDBESCHREI-BUNG
AUFKL	0 0000	X	2		X	Laenge d. Auftr.kopfseg.
AUFKR	2 0002	X	2		X	Differenzlaenge
AUFKA	4 0004	C	2		X	Segmentart
	Feldgruppe	000	Laenge:	116		
BLART	9 0009	C	2			Auftragsart
MANDT	11 000B	X	1			Mandant
BUKRS	12 000C	C	2			Buchungskreis
WERKS	14 000E	C	2			Werk
AUFNR	16 0010	C	8		NUL	Auftragsnummer
LFGJK	24 0018	C	4		NUL	Geschaeftsjahr
GJEND	28 001C	C	4		NUL	Gesch.jahresende
BLDAT	32 0020	C	8		NUL	Erfassungsdatum
ASDAT	40 0028	C	8		NUL	Antragsdatum
WAERS	48 0030	C	5			Waehrungsschluessel
ABRKZ	53 0035	C	1			Abrechn.kennzeichen
SPRAS	54 0036	C	1			Sprachenschluessel
USNAM	55 0037	C	12			Name zust. Sachbearb.
ASNAM	67 0043	C	12			Name Antragsteller
AENAM	79 004F	C	12			Name letzter Aenderer
ABTEI	91 005B	C	12			Verantw.bereich
DISGR	103 0067	C	3			Disponentengruppe
AEDAT	106 006A	C	8		NUL	Aenderungsdatum
LOEKZ	114 0072	C	1			Loeschvorm./-kennz.
STATU	115 0073	X	1			Herkunft d. Auftrags
AUFTY	116 0074	C	1			Auftragstyp

QAUFC   KOSTENSEGMENT

	LAENGE	: 1850	SEGM-ID	: OC
	STAND	: 31031994	RELEASE	: 5.0E

FELD NAME	FELD-ADR DEC HEX	FLD TYP	FELD LAENGE	STELLEN ZAHL	ABW INI	FELDBESCHREIBUNG
AUFCL	0 0000	X	2		X	Laenge d. Auftr.position
AUFCR	2 0002	X	2		X	Reserve
AUFCA	4 0004	C	2		X	Segment-ID
SEGAR	6 0006	C	1			Segmentart
SEGBY	7 0007	X	1			Segmentsteuerbyte
SEGKY	8 0008	C	(40)			
SEGNR	8 0008	C	2		NUL	Positionsnummer
SEGTY	10 000A	C	1			Kontierungstyp
WRTTP	11 000B	C	1			Werttyp
VARIA	12 000C	C	1			Variante
GJAHR	13 000D	C	4		NUL	Geschaeftsjahr
KSTAR	17 0011	C	8		NUL	Kostenart
LKONT	25 0019	C	(16)			
LWERK	25 0019	C	2			Werk leist. Kostenstelle
LKOST	27 001B	C	8		NUL	Nummer leist. KSt.
LSTAR	35 0023	C	3			Leistungsartenschluessel
ULTAR	38 0026	C	3			Unterleistungsartenschl.
BELKZ	41 0029	C	1			Be-/Entlastungskennz.
PROJV	42 002A	C	1			Projektverwend.kennz.
SLFNR	43 002B	X	2			Lfd. Nummer Kontier.
KYRES	45 002D	C	3			Key-Reserve
	Feldgruppe	000	Laenge:	016		
PLMEH	51 0033	C	2			Mengeneinheit
PLMH1	53 0035	C	2			altern. Mengeneinheit
KOATY	55 0037	C	1			Kostenartentyp

QAUFP   AUFTRAGSPOSITIONSSEGMENT

LAENGE	: 1480	SEGM-ID	: OS
STAND	: 31031994	RELEASE	: 5.0E

FELD NAME	FELD-ADR DEC HEX	FLD TYP	FELD LAENGE	STELLEN ZAHL	ABW INI	FELDBESCHREI-BUNG
AUFPL	0 0000	X	2		X	Laenge Auftr.position
AUFPR	2 0002	X	2		X	Reserve
AUFPA	4 0004	C	2		X	Segment-ID
SGART	6 0006	C	1			Segmentart
SGBYT	7 0007	X	1			Segmentsteuerbyte
SGKEY	8 0008	C	(40)			
BUZEI	8 0008	C	(15)			
POSNR	8 0008	C	2		NUL	Positionsnummer
SGTYP	10 000A	C	1			Segmenttyp
PSSWP	11 000B	C	(3)			
PSSTP	11 000B	X	1			Auftragsstufe
PSWGP	12 000C	X	1			Auftragsweg
PSPFP	13 000D	C	(1)			
PSPFD	13 000D	X	1			Alt. Arb.vorgangsfolge
PSLZA	14 000E	X	4			Arb.vorgangsnummer
PSAR2	18 0012	X	1			Positionsart 2
PSZLK	19 0013	X	4			Positionszaehler
SGRES	23 0017	X	25			Reserve
	Feldgruppe	000	Laenge:	103		
FTRMS	51 0033	C	8		NUL	Sollfreigabetermin
FTRMI	59 003B	C	8		NUL	Istfreigabetermin
SAEDT	67 0043	C	8		NUL	Statusaender.datum
STRMS	75 004B	C	8		NUL	Sollstarttermin
STRMI	83 0053	C	8		NUL	Iststarttermin
LTRMS	91 005B	C	8		NUL	Liefer-/Fertigstell.termin

QAUFT   AUFTRAGS-BUCHUNGSREGEL

LAENGE	: 600	SEGM-ID	: OT
STAND	: 31031994	RELEASE	: 5.0E

FELD NAME	FELD-ADR DEC HEX	FLD TYP	FELD LAENGE	STELLEN ZAHL	ABW INI	FELDBESCHREI-BUNG
AUFTL	0 0000	X	2		X	Laenge AUFT-Segment
AUFTR	2 0002	X	2		X	Reserve
AUFTA	4 0004	C	2		X	Segment-ID
START	6 0006	C	1		X	Segmentart
STBYT	7 0007	X	1			Segmentsteuerbyte
STRKY	8 0008	C	(40)			
POSTR	8 0008	C	2		NUL	Positionsnummer
STTYP	10 000A	C	1		X	Segmenttyp
TLFNR	11 000B	C	4		NUL	lfd. Nummer Kontierung
STKYX	15 000F	X	33			Reserve
	Feldgruppe	000	Laenge:	033		
TUGRP	51 0033	C	1			U-Gruppe
TAART	52 0034	C	1			Abrechnungsart
TWDTA	53 0035	C	6		NUL	gueltig ab - Periode
TWDAJ	53 0035	C	4		NUL	gueltig ab - Jahr
TWDAM	57 0039	C	2		NUL	gueltig ab - Monat
TWDTE	59 003B	C	6		NUL	gueltig bis - Periode
TWDEJ	59 003B	C	4		NUL	gueltig bis - Jahr
TWDEM	63 003F	C	2		NUL	gueltig bis - Monat
TEABR	65 0041	C	6		NUL	Periode d. ersten Benutz.
TLABR	71 0047	C	6		NUL	Periode d. letzten Ben.
TZKOS	77 004D	C	2		NUL	Zielkontier.schluessel
KONTY	79 004F	C	1			Kontierungstyp
KOSTY	80 0050	C	1			Typ d. Sekundaerkont.

QKONK EINKAUFS-KOPF

	LAENGE	: 1130	SEGM-ID	: EX
	STAND	: 15031995	RELEASE	: 5.0E

FELD NAME	FEED-ADR DEC HEX	FLD TYP	FELD LAENGE	STELLEN ZAHL	ABW INI	FELDBESCHREI-BUNG
SGMLK	0 0000	X	2		X	max. Segmentlaenge
SGMRK	2 0002	X	2		X	Reserve RECFM = V
SEGID	4 0004	C	2		X	Segmentidentifikation
GKKTR	6 0006	C	(29)			
MANDT	6 0006	X	1			Mandant
MAFID	7 0007	C	(1)			
BSTYP	7 0007	C	1			Bestell-/Vertragstyp
BUKRS	8 0008	C	2			Buchungskreis
BSTNR	10 000A	C	(8)			
KTRNR	10 000A	C	8		NUL	Rahmenvertragsnummer
KTRPO	18 0012	C	5		NUL	Positionsnummer
UPOSN	23 0017	C	(2)			
NTRPO	23 0017	C	1		NUL	Nachtragspos.index
ZLTYP	24 0018	C	1		NUL	Typ d. Objektleist.verz.
EINDT	25 0019	C	8		NUL	Lieferdatum Einteilung
EINLF	33 0021	C	2		NUL	Zaehler Einteilungen
	Feldgruppe	000	Laenge:	106		
KTART	38 0026	C	(2)			
BSART	38 0026	C	2			Bestell-/Vertragsart
BSAKZ	40 0028	C	1			Bestellarten-Kennz.
LOEKZ	41 0029	C	1			Loeschvorm./-kennz.
STATU	42 002A	C	1			Status d. Einkaufsbelegs
BEDAT	43 002B	C	8		NUL	Erstellungsdatum Beleg
KAEDT	51 0033	C	8		NUL	Erfas./Aend./Loes.datum
SBNAM	59 003B	C	12			Name Sachbearbeiter

QKONP   EINKAUFS-POSITION

| | LAENGE | : 1780 | SEGM-ID | : EY |
| | STAND | : 31031994 | RELEASE | : 5.0E |

FELD NAME	FELD-ADR DEC HEX	FLD TYP	FELD LAENGE	STELLEN ZAHL	ABW INI	FELDBESCHREI-BUNG
SGMLK	0 0000	X	2		X	Segmentlaenge Kontrakt
SGMRK	2 0002	X	2		X	Reserve RECFM = V
SEGID	4 0004	C	2		X	Segmentidentifikation
GKKTR	6 0006	C	(29)			
MANDT	6 0006	X	1			Mandant
MAFID	7 0007	C	1			Bestell-/Vertragstyp
BUKRS	8 0008	C	2			Buchungskreis
KTRNR	10 000A	C	8		NUL	Rahmenvertragsnummer
KTRPO	18 0012	C	5		NUL	Positionsnummer
UPOSN	23 0017	C	(2)			
NTRPO	23 0017	C	1		NUL	Nachtragspos.index
ZLTYP	24 0018	C	1		NUL	Typ d. Objektleist.verz.
EINDT	25 0019	C	8		NUL	gueltig bis-Datum Kond.
EINLF	33 0021	C	2		NUL	Zaehler d. Einteilungen
	Feldgruppe	000	Laenge:	034		
LOEKZ	38 0026	C	1			Loeschvorm./-kennz.
STATU	39 0027	C	1			Status Einkaufsposition
PAEVR	40 0028	X	4			Aender.variable Posit.
PAEDT	44 002C	C	8		NUL	Erfas./Aend./Loes.datum
PTXTL	52 0034	X	1			Positionsartenkennz.
BPOTS	53 0035	C	(1)			
TXS01	53 0035	C	1			Sprachenschl. Sonder.
TXN01	54 0036	X	4			Textnummer Pos.text

7.4 Anhang D - Adreßtafeln

Adreßtafel Materialstamm MARA

```
GENAT
LOE MARA
HIN MARA   MARA0MC SAP-SMAM PL 26 C 6 4300 V
*%  SAP - MARA MATERIALSTAMMSÄTZE
*%  QMARA   A-SEGMENT LÄNGE 1200      RELEASE 5.0E
*%  QMARB   B-SEGMENT LÄNGE  700      RELEASE 5.0E
*%  QMARC   C-SEGMENT LÄNGE 1800      RELEASE 5.0E
*%  QMARD   D-SEGMENT LÄNGE  600      RELEASE 5.0E
    1  QMARA       S  1200
   99  KEY         C    26;     6
   10  FILLER      C     6;     0
   10  MANDA       C     1;     6
   10  MAFIA       C     1;     7
   10  MATNR       C    18;     8
   10  BUKRSA      C     2;    26
   10  WERKA       C     2;    28
   10  AUSER       C    12;    78
   10  MTART       C     4;    90
   10  MBRSH       C     1;    94
   10  SUBMT       C    18;    95
   10  STATA       C     2;   113
   10  MLAKZ       C     3;   115
   10  LGRKZ       C     3;   118
   10  KTXMA       C    40;   126
    2  QMARB       S   700
   10  BUKRB       C     2;    26
   10  WERKB       C     2;    28
   10  VKGRP       C     3;   126
   10  ANLNR       C    19;   213
   10  VKPRS      FD   9.2;   319
   10  PEINV      FD   5.0;   324
    3  QMARC       S  1800
   10  WERKC       C     2;    28
   10  MAABC       C     1;    99
    4  QMARD       S   600
   10  LGONR       C     2;    30
   10  LBEWD       C     8;   338
   10  LBWKZ       C    18;   346
   10  LBWMP      FD  11.3;   364
   10  LBELN       C     8;   370
   10  INVBNR      C    24;   399
```

Adreßtafel Kreditorenstamm LIFA

```
  GENAT
  LOE LIFA
  HIN LIFA   LIFA0MC SAP-SMAM PL 16 C 6 2040 V
  *%  SAP - LIFA KREDITORENSTAMMSÄTZE
  *%  QLIFA    A-SEGMENT LÄNGE 1000      RELEASE 5.0E
  *%  QLIFB    B-SEGMENT LÄNGE 460       RELEASE 5.0E
  *%  QLIFC    C-SEGMENT LÄNGE 580       RELEASE 5.0E
   1  QLIFA        S   1000
  99  KEY          C    16;      6
  10  FILLER       C     6;      0
  10  MANDA        C     1;      6
  10  KTOART       C     1;      7
  10  LIFNR        C     8;      8
  10  LIFNAM       C    30;     48
  10  LIFPLZ       C    10;     78
  10  LIFORT       C    25;     88
  10  LSORT        C    10;    122
  10  LSTRAS       C    30;    137
  10  LBKTO        C    18;    212
  10  LIFBLZ       C    15;    230
  10  LIFBANK      C    44;    248
   2  QLIFB        S   460
  10  AKONTO       C     8;     56
  10  BJWRT        FD  13.2;   165
  10  BVWRT        FD  13.2;   172
   3  QLIFC        S   580
  10  BUKREIS      C     2;     16
  10  GJAHR        C     4;     18
  10  JAHRUMS      FD  13.2;    41
  10  SALDOVOR     FD  13.2;    65
  10  SKZ01        C     1;    299
  10  SBV01        FD  13.2;   300
  10  SBL01        FD  13.2;   307
  10  SKZ02        C     1;    314
  10  SBV02        FD  13.2;   315
  10  SBL02        FD  13.2;   322
  10  GBN01        C     2;    422
  10  GBU01        FD  13.2;   424
  10  GBN02        C     2;    431
  10  GBU02        FD  13.2;   433
  10  GBN03        C     2;    440
  10  GBU03        FD  13.2;   442
  10  GBN04        C     2;    449
  10  GBU04        FD  13.2;   451
```

Adreßtafel Debitorenstamm KUNA

GENAT
LOE KUNA
HIN KUNA   KUNA0MC SAP-SMAM PL 16 C 6 2620 V
*% SAP - KUNA DEBITORENSTAMMSÄTZE
*% QKUNA   A-SEGMENT LÄNGE 900   RELEASE 5.0E
*% QKUNB   B-SEGMENT LÄNGE 1000   RELEASE 5.0E
*% QKUNC   C-SEGMENT LÄNGE 620   RELEASE 5.0E

1	QKUNA	S	900		
99	KEY	C	16	;	6
10	FILLER	C	6	;	0
10	MANDA	C	1	;	6
10	KTOART	C	1	;	7
10	DEBNR	C	8	;	8
10	BUKRSA	C	2	;	16
10	GJAHRA	C	4	;	18
10	NAME1	C	30	;	48
10	PLZ	C	10	;	78
10	ORT	C	25	;	88
10	SORTL	C	10	;	122
10	STRASSE	C	30	;	137
10	BKTNR	C	18	;	229
10	BANKA	C	44	;	265
2	QKUNB	S	1100		
10	KTOAB	C	1	;	7
10	KTNRB	C	8	;	8
10	BUKR	C	2	;	16
10	ABSKTO	C	8	;	54
10	ZTERM	C	4	;	101
3	QKUNC	S	620		
10	KTOAC	C	1	;	7
10	KTNRC	C	8	;	8
10	BUCRC	C	2	;	16
10	GJAHR	C	4	;	18
10	KUMJUC	FD	13.2	;	41
10	SALDVC	FD	13.2	;	74
10	GBNRC	C	2	;	431
10	GBUMSC	FD	13.2	;	433

Adreßtafel Kostenstellenstamm KOST

```
GENAT
LOE KOST
HIN KOST   KOST0AP SAP-FILE PL 18 C 6 600 V
*%  SAP - KOST KOSTENSTELLENSTAMMSÄTZE
*%  QKOST    LÄNGE  600   RELEASE 5.0E
    1  QKOST       S   600
    99 KEY         C   18 ;    6
    10 MANDA       C    1 ;    6
    10 MAFID       C    1 ;    7
    10 BUKRS       C    2 ;    8
    10 GJAHR       C    4 ;   10
    10 WPLAN       C   10 ;   14
    10 WERKS       C    2 ;   14
    10 KOSTL       C    8 ;   16
    10 KOSAR       C    1 ;   85
    10 KOSTBEZ     C   30 ;  113
    10 ZUSTEXT     C   50 ;  153
    10 ABT         C   12 ;  206
    10 HKOST       C    8 ;  451
    10 KOSTPC      C    8 ;  506
    10 BCHCO       C    8 ;  517
    10 KSTYP       C    3 ;  535
```

Adreßtafel Kosten- und Leistungsarten KOLA

```
GENAT
LOE KOLA
HIN KOLA   KOLA0AP SAP-FILE PL 21 C 6 4000 V
*%  SAP - KOLA STAMMSÄTZE KOSTEN- UND LEISTUNGSARTEN
*%  QKOLA    LÄNGE  4000  RELEASE 5.0E
    1  QKOLA       S  4000
    99 KEY         C   21 ;    6
    10 MANDK       C    1 ;    6
    10 SATYO       C    1 ;    7
    10 SATYM       C    1 ;    8
    10 BUKRS       C    2 ;    9
    10 GJAHR       C    4 ;   11
    10 SATYP       C    1 ;   15
    10 HIEKZ       C    1 ;   16
    10 WERKS       C    2 ;   17
    10 KOSTL       C    8 ;   19
    10 KSTAR       C    8 ;   27
```

10	LSTAR	C	3 ;	35
10	ULTAR	C	3 ;	38
10	MSGFA	FD	9.2;	106
10	LAESL	C	2 ;	111
10	VKSTA	C	8 ;	113
10	LPLVOR	FD	13.3 ;	164
10	LPLN 16	FD	13.3 ;	171
10	LILVOR	FD	13.3 ;	286
10	LILN 16	FD	13.3 ;	293
10	KAPVOR	FD	13.3 ;	408
10	KAPN 16	FD	13.3 ;	415
10	PMLVOR	FD	13.3 ;	530
10	PMLN 16	FD	13.3 ;	537
10	IMLVOR	FD	13.3 ;	652
10	IMLN 16	FD	13.3 ;	659
10	PEINH	FD	5.0 ;	774
10	RSTEU	C	1 ;	985
10	PKVVOR	FD	13.3 ;	1047
10	PKVN 16	FD	13.3 ;	1054
10	PKFVOR	FD	13.3 ;	1169
10	PKFN 16	FD	13.3 ;	1176
10	IKVVOR	FD	13.3 ;	1291
10	IKVN 16	FD	13.3 ;	1298
10	IKFVOR	FD	13.3 ;	1413
10	IKFN 16	FD	13.3 ;	1420
10	PVBVOR	FD	13.3 ;	1535
10	PVBN 16	FD	13.3 ;	1542
10	IVBVOR	FD	13.3 ;	1657
10	IVBN 16	FD	13.3 ;	1664
10	IKWVOR	FD	13.3 ;	1839
10	IKWN 16	FD	13.3 ;	1846

Adreßtafel Sachkontenstamm SKSA

```
GENAT
LOE SKSA
HIN SKSA   SKSA0MC SAP-SMAM PL 18 C 6 1100 V
*%  SAP - SKSA SACHKONTENSTAMMSÄTZE
*%  QSKSA   LÄNGE  200   RELEASE 5.0E
*%  QSKSB   LÄNGE  340   RELEASE 5.0E
*%  QSKSC   LÄNGE  560   RELEASE 5.0E
    1  QSKSA        S   200
    99 KEY          C   18 ;    6
    10 MANDA        C    1 ;    6
    10 KTOAA        C    1 ;    7
    10 KTNRA        C    8 ;    8
    10 BUKRB        C    2 ;   16
    10 GJAHRB       C    4 ;   18
    10 GBERB        C    2 ;   22
    10 KTOKL        C    4 ;   45
    10 SKBEZ        C   50 ;   49
    2  QSKSB        S   340
    10 WERKS        C    2 ;  198
    10 KOSTL        C    8 ;  200
    10 ABGKA        C    8 ;  208
    3  QSKSC        S   560
    10 KUMUM        FD  13.2;   43
```

Adreßtafel Anlagenstamm ANLA

```
GENAT
LOE ANLA
HIN ANLA   ANLA0MC SAP-SMAM PL 15 C 6 3800 V
*%  SAP - ANLA ANLAGENSTAMMSÄTZE
*%  QANLA   LÄNGE  3800  RELEASE 5.0E
    1  QANLA        S  3800
    99 KEY          C   15 ;    6
    10 MANDA        C    1 ;    6
    10 KTOAA        C    1 ;    7
    10 BUKRS        C    2 ;    8
    10 ANLN0        C    3 ;   10
    10 ANLN1        C    8 ;   13
    10 ANLN2        C    3 ;   21
    10 ANLKL        C    4 ;   61
    10 ANLUE        C    8 ;   65
    10 ANLTX        C   15 ;  106
    10 STAND        C   10 ;  146
    10 KOST1        C    8 ;  159
```

Adreßtafel Allgemeine Belegdatei ABEZ

```
GENAT
LOE ABEZ
HIN ABEZ   ABEZ0AC SAP-ABMI PL 11 C 11 3650 V
*%  SAP - ABEZ ALLGEMEINE BELEGDATEI
*%  QBKPF   LÄNGE  250     RELEASE 5.0E
*%  QBSEG   LÄNGE 3400     RELEASE 5.0E
     1  QBKPF       S   250
    99  KEY         C   11 ;    11
    10  FILLER      C    9 ;     0
    10  BLART       C    2 ;     9
    10  MANDT       C    1 ;    11
    10  BUKRS       C    2 ;    12
    10  BELNR       C    8 ;    14
    10  BLDAT       C    8 ;    22
    10  BUDAT       C    8 ;    30
    10  STOKZ       C    1 ;    97
    10  VGART       C    2 ;    98
    10  BKTXT       C   25 ;   103
    10  OBLNR       FU   4.0;   235
    10  ZBLNR       FU   4.0;   241
     2  QBSEG       S  3400
    10  BUZEI       C    1 ;     8
    10  BUSCHL      C    2 ;    26
    10  SHKZG       C    1 ;    29
    10  KOART       C    1 ;    30
    10  DMSHB       FD  11.2;    39
    10  SAKNR       C    8 ;    77
    10  LIFNR       C    8 ;    88
    10  KUNNR       C    8 ;    99
    10  GKONT       C   10 ;   111
    10  AUGLZ       FD   3.0;   197
    10  AUGDT       C    8 ;   199
    10  ZFBDT       C    8 ;   233
    10  SKNTO       FD  11.2 ;  247
    10  ZTERM       C    4 ;   255
    10  CPDNA       C   30 ;   897
    10  CPDOR       C   25 ;   937
    10  KOSTL       C    8 ;  1404
    10  WERKK       C    2 ;  1412
    10  SGTXT       C   50 ;  1419
    10  ARTNR       C   18 ;  1577
    10  BWART       C    3 ;  1595
    10  MENG01      FD  11.3;  1662
    10  ARTTX       C   40 ;  1694
    10  BSTNR       C    8 ;  1789
```

Adreßtafel Kostenrechnungseinzelposten KOEP

GENAT
LOE KOEP
HIN KOEP   KOEP0AP SAP-FILE PL 18 C 6 800 V
*%SAP - KOEP KOSTENRECHNUNG EINZELPOSTEN
*% QKOEP   LÄNGE   800   RELEASE 5.0E

1	QKOEP	S	800	
99	KEY	C	18 ;	6
10	FILLER	C	6 ;	0
10	MANDT	C	1 ;	6
10	BUKRS	C	2 ;	7
10	GJAHR	C	4 ;	9
10	SATYP	C	1 ;	13
10	WERKS	C	2 ;	14
10	KOSTL	C	8 ;	16
10	AUFPS	C	2 ;	22
10	PROJN	C	16 ;	14
10	KSTAR	C	8 ;	30
10	BUMON	C	2 ;	38
10	LSTAR	C	3 ;	40
10	ULTAR	C	3 ;	43
10	BSCHL	C	2 ;	46
10	BELTY	C	1 ;	48
10	BELNR	C	8 ;	49
10	MENGE	FD	11.3;	149
10	GKONT	C	10 ;	190
10	REBLG	C	8 ;	200
10	ARTNR	C	18 ;	222
10	SGTXT	C	50 ;	250
10	SKOST	C	8 ;	306
10	SWERK	C	2 ;	304
10	UMENG	FD	11.3;	345
10	UDMBT	FD	11.2;	351
10	FMENG	FD	11.3;	357
10	ADMBT	FD	11.2;	363
10	FDMBT	FD	11.2;	369
10	FAKST	C	1 ;	375

Adreßtafel Bestallanforderungen BANF

GENAT
LOE BANF
HIN BANF BANF0AP SAP-FILE PL 32 C 6 500 V
*%SAP - BANF BESTELLANFORDERUNG
*% QBANF   LÄNGE   500   RELEASE 5.0E

1	QBANF	S	500	
99	KEY	C	32 ;	6
10	FILLER	C	6 ;	0
10	MANDA	C	1 ;	6
10	MAFID	C	1 ;	7
10	BUKRS	C	2 ;	8
10	WERKS	C	2 ;	10
10	MATNR	C	18 ;	12
10	BANFN	C	8 ;	30
10	EKGRP	C	3 ;	111
10	TXZ01	C	40 ;	133
10	BADAT	C	8 ;	201
10	BAMNG	FD	11.3;	209
10	PREIS	FD	9.2;	217

Adreßtafel Bestellungen BEST

GENAT
LOE BEST
HIN BEST BEST0AC SAP-ABMI PL 12 C 6 2410 V
*%SAP - BEST BESTELLUNGEN
*% QBSBK   LÄNGE   980   RELEASE 5.0E
*% QBSPS   LÄNGE 1430   RELEASE 5.0E

1	QBSBK	S	980	
99	KEY	C	12 ;	6
10	FILLER	C	6 ;	0
10	MANDT	C	1 ;	6
10	BSTYP	C	1 ;	7
10	BUKRS	C	2 ;	8
10	BSTNR	C	8 ;	10
10	BLART	C	2 ;	18
10	BSART	C	2 ;	38
10	BBWRT	FD	11.2 ;	86
10	ABTEI	C	12 ;	122
10	NAME1	C	30 ;	396
2	QBSPS	S	1430	
10	POSNR	FD	3.0 ;	14
10	MENGE	FD	11.3 ;	122
10	PREIS	FD	9.2 ;	199

Adreßtafel Rahmenbestellungen KONK

```
GENAT
LOE KONK
HIN KONK   KONX0AP SAP-FILE PL 12 C 6 1780 V
*%SAP - KONK RAHMENBESTELLUNGEN
*%  QKONK   LÄNGE 1130    RELEASE 5.0E
*%  QKONP   LÄNGE 1780    RELEASE 5.0E
    1  QKONK        S  1780
   99  KEY          C  12  ;   6
   10  FILLER       C   5  ;   0
   10  SEGID        C   1  ;   5
   10  MANDT        C   1  ;   6
   10  BSTYP        C   1  ;   7
   10  BUKRS        C   2  ;   8
   10  RAHNR        C   8  ;  10
   10  BSART        C   2  ;  38
   10  KTRPO        C   5  ;  18
   10  STATUS       C   1  ;  42
   10  BBWRT        FD 11.2 ;  86
   10  NBWRT        FD 11.2 ;  92
   10  EKGRP        C   3  ; 119
   10  ABTEI        C  12  ; 122
    2  QKONP        ; NEU 0
   10  BANFN        C   8  ;  72
   10  ARTNR        C  18  ;  87
   10  NETWR        FD 11.2 ; 187
   10  KOSTL        C   8  ; 394
   10  TXZ01        C  40  ; 618
```

Adreßtafel Aufträge AUFK

GENAT
LOE AUFK
HIN AUFK   AUFK0AC SAP-ABMI PL 13 C 11 2250 V
*%SAP - AUFK AUFTRAGSBELEGDATEI
*% QAUFK   LÄNGE   400   RELEASE 5.0E
*% QAUFC   LÄNGE   1850   RELEASE 5.0E SEGART = C
*% QAUFP   LÄNGE   1480   RELEASE 5.0E SEGART = S
*% QAUFT   LÄNGE   600   RELEASE 5.0E SEGART = T

1	QAUFK		S	400	
99	KEY		C	13 ;	11
10	FILLER		C	9 ;	0
10	BLART		C	2 ;	9
10	MANDT		C	1 ;	11
10	BUKRS		C	2 ;	12
10	WERKS		C	2 ;	14
10	AUFNR		C	8 ;	16
10	BLDAT		C	8 ;	32
10	ABTEI		C	12 ;	91
10	HWERT		FD	13.2;	148
10	HWEVJ		FD	13.2;	155
10	HWEVT		FD	13.2;	162
10	HWEGS		FD	13.2;	183
10	TXKNR		FU	4.0;	194
2	QAUFC		S	1850 ; NEU 400	
10	SEGART		C	1 ;	5
10	PLTXT		C	25 ;	67
10	WTA	16	FD	13.2;	100
10	SMATN		C	18 ;	1215
10	SLGON		C	2 ;	1233
2	QAUFP		; NEU QAUFC		
10	POSNR		C	2 ;	8
10	PWEVJ		FD	13.2;	168
10	PWEVT		FD	13.2;	175
10	KOSTV		C	8 ;	393
10	KUNNR		C	8 ;	417
10	KDANR		C	8 ;	428
10	TXTZ1		C	40 ;	482
2	QAUFT		; NEU QAUFC		
10	POSTR		C	8 ;	8
10	KNDNR		C	8 ;	84
10	ARTNR		C	18 ;	92
10	ZKOST		C	8 ;	340
10	ZAUFN		C	8 ;	351
10	ZAUFP		C	8 ;	359
10	ZANLA		C	11 ;	383

7.5 Anhang E - Andruck von Sätzen im Hexadezimalcode

Nachfolgend sind für alle vorliegenden Adreßtafeln entsprechende Abfragen zum Andruck von Produktivdatensätzen im Hex-Code beispielhaft
dargestellt. Ausreichend ist hier der Andruck eines Satzes, um das
Grundschema des Zugriffsschlüssels zu definieren. Es werden nur die
ersten 120 Zeichen des angedruckten Datensatzes gezeigt.

MARA:

```
HOLE MARA
NIMM BIS 1.SATZ
LISTE HEXA (QMARA)
ENDE
```

DS-Pos.	012345678910	15	20	30	40	50	60

```
CHAR     .┘..MA.M000000000070000001        ..Ü IB..Ç...........  1992081
HEX-     0B02DC0DFFFFFFFFFFFFFFFFFFFF4444440054CC2060000000000044FFFFFFF
CODE     4000411400000000000070000001000000000A0927080100000000001992081
Schlüssel:
Position :    6                          25
              Schlüssel
```

DS-Pos.	70	80	90	100	110	120

```
CHAR     81996020219930720         HIBEM000000000070018620W.
HEX-     FFFFFFFFFFFFFFFFFFF444444444444CCCCDFFFFFFFFFFFFFFFFFFFE044444
CODE     8199602021993072000000000000000892540000000000700186206000000
```

Schlüssel- : X'01D4F0F0F0F0F0F0F0F0F0F0F0F0F0F0F0F0F0F0F0F0F0F0'
definition
             MANDA (1), MAFIA (2), MATNR (18)

LIFA:

```
HOLE LIFA
NIMM BIS 1.SATZ
LISTE HEXA (QLIFA)
ENDE
```

DS-Pos.	012345678910	15	20	30	40	50	60

```
CHAR     .Y..KA.K00060000........┘ä19820922BAUMANN    LIEFAachener und
HEX-     0E01DC0DFFFFFFFF000000007CFFFFFFFFCCEDCDD444DCCCC88889894A984
CODE     3806211200060000000000000019820922144155000395611385559 04540
Schlüssel:
Position :    6                    15
              Schlüssel
```

DS-Pos.	70	80	90	100	110	120

```
CHAR              30159    Hannover                    DD DM
HEX-     4444444444444444FFFFF44444C8999A894444444444444444444CC44CD44
CODE     000000000000000003015900004815565590000000000000000044004400
```

Schlüssel- : X'01D2F0F0F0F0F0F0F0F0'
definition
             MANDA (1), KTOART (1), LIFNR (8)

KUNA:

```
HOLE KUNA
NIMM BIS 1.SATZ
LISTE HEXA (QKUNA)
ENDE
```

DS-Pos.	012345678910	15	20	30	40	50	60

CHAR `.d..DA.D00014001........⌐⌐19951220HOSENFELVGKH  GKH`
HEX- `0801CC0CFFFFFFFF0000000078FFFFFFFFCDECDCCDECDC44CDC4444444444`
CODE `340641140001400100000000019951220862556535728007280000000000`

Schlüssel:
Position :   6   15
                    Schlüssel

DS-Pos.	70	80	90	100	110	120

CHAR `        30447      Hannover                        DD  DM   G`
HEX- `44444444444444FFFFF44444C8999A894444444444444444444CC44CD444C`
CODE `00000000000000030447000081556559000000000000000000004400440007`

Schlüssel- :   X'01C4F0F0F0F0F0F0F0F0'
definition
                MANDA (1), KTOART (1), DEBNR (8)

KOST:

```
HOLE KOST
NIMM BIS 1.SATZ
LISTE HEXA (QKOST)
ENDE
```

DS-Pos.	012345678910	15	20	30	40	50	60

CHAR `.i..CA.C0119920100000116  ...19930202DUDDA   1993051901000001`
HEX- `0501CC0CFFFFFFFFFFFFFFFFF44002FFFFFFFFFCECCC444FFFFFFFFFFFFFFFFF`
CODE `280A31130119920100000116000F199302024444100019930519010000001`

Schlüssel:
Position :   6   23
                    Schlüssel

DS-Pos.	70	80	90	100	110	120

CHAR `160100000116...NNJJ.⌐.00H..00.⌐.Kost.+Auftragsabr.   Gesch.Er`
HEX- `FFFFFFFFFFFF000DDDD080FFC01FF083D9AA44CA8A988A889444C8A884C9`
CODE `16010000011610755112 0A0080C003052623BE14639172129B0075238B59`

Schlüssel- :   X'01C3F0F1F1F9F9F2F0F1F0F0F0F0F0F0F0F0'
definition
                MANDA (1), MAFID (1), BUKRS (2), GJAHR (4), WERKS (2),
                KOSTL (8)

KOLA:

```
HOLE KOLA
NIMM BIS 1.SATZ
LISTE KOLA (QKOLA)
ENDE
```

DS-Pos.	012345678910	15	20	30	40	50	60

CHAR `.µ.àKL.   011992C 010000011600419006      00000000`
HEX- `0A04DD044FFFFFFC4FFFFFFFFFFFFFFFFFFF44444444FFFFFFFF4444444444`
CODE `F004231000119923001000001160041900600000000000000000000000000`

Schlüssel:
Position :   6   26
                    Schlüssel

```
DS-Pos.  |       70        80        90        100       110      120
CHAR        .⌐.B..........              .       .⌐. ......  00000000
HEX-      4444444082C1021000000004444444404444444444408244000004 4FFFFFFFF
CODE      00000000001262692400010000000000000000000010F000000C0000000000
```

Schlüssel- : X'014040F0F1F1F9F9F2C340F0F1F0F0F0F0F0F0F0F0'
definition

MANDK (1), SATYO (1), SATYM (1), BUKRS (2), GJAHR (4),
SATYP (1), HIEKZ (1), WERKS (2), KOSTL (8)

SKSA:

```
HOLE SKSA
NIMM BIS 1.SATZ
LISTE HEXA (QSKSA)
ENDE
```

```
DS-Pos.  012345678910   15    20       30       40        50        60
CHAR      .H..SA.S00000060.........(   19821005BAUMANN  SAKOAUSSTEHENDE
HEX-      0C01EC0EFFFFFFFF0000000000444FFFFFFFFCCEDCDD4ECDDCEEEECCCDCC4
CODE      080821120000006000000000000D001982100521441550212614223585450
Schlüssel:
Position :      6         15
                Schlüssel
```

```
DS-Pos.  |       70        80        90        100       110      120
CHAR      EINLAGEN AUF DAS GEZEICHNETE KAPITAL   ...00101010010101000
HEX-      CCDDCCCD4CEC4CCE4CCECCCCDCEC4DCDCECD4444002FFFFFFFFFFFFFFFFFF
CODE      59531755014604120759593855350217931300001030010101010101000
```

Schlüssel- : X'01E2F0F0F0F0F0F0F0F0F0'
definition

MANDA (1), KTOAA (1), KTNRA (8)

ANLA:

```
HOLE ANLA
NIMM BIS 1.SATZ
LISTE HEXA (QANLA)
ENDE
```

```
DS-Pos.  012345678910   15    20       30       40        50        60
CHAR      .Q..A .A..00000000001000. .00 000000...000000MUEL        ..îM
HEX-      0D01C40C00FFFFFFFFFFFFFFFF042FF4FFFFFF001FFFFFFDECD44444444005D
CODE      E808101100000000000001000001000000000F90000004453000000001064
Schlüssel:
Position :     ·6              20
               Schlüssel
```

```
DS-Pos.  |       70        80        90        100       110      120
CHAR      00010000000019860627A000000000000 00000000000H-SONST.IMM.AW.
HEX-      FFFFFFFFFFFFFFFFFFFFCFFFFFFFFFFFFFFF4FFFFFFFFFFFC6EDDEE4CDD4CE4
CODE      00010000000019860627100000000000000000000000008026523B944B16B
Schlüssel- : X'01C1F0F0F0F0F0F0F0F0F0F0F0F0F0F0'
definition
```

MANDA (1), KTOAA (1), BUKRS (2), ANLNO (3), KTNRA (8)

ABEZ:

```
MERKE (C = 0)
HOLE ABEZ
  VON X'01'
  BIS X'01'
MERKE (C = C + 1)
STOP BEI C = 2
LISTE HEXA (QBKPF)
ENDE
```

DS-Pos.	012345678910	15	20	30	40	50	60

```
CHAR      ....BK.⌐;RN.01310733581995040619950410199504.DM                    101
HEX-      0F00CD085DD0FFFFFFFFFFFFFFFFFFFFFFFFFFFFFFFFFFFF0CD44444444444FFF
CODE      0A062200E9510131073358199504061995041019950404400000000000101
Schlüssel:
Position :              12            22
          Schlüssel
```

DS-Pos.		70	80	90	100	110	120

```
CHAR      99504101343400WESTERMA      .  .00000000 RP.⌐.-2151
HEX-      FFFFFFFFFFFFFFECEECDDC4444040FFFFFFFF4DD0816FFFF4444444444444
CODE      99504101343406523594100000000000000009710C0215100000000000000
```

Schlüssel- : X'01F0F1F0F0F0F0F0F0F0F0F0'
definition

    MANDT (1), BUKRS (2), BELNR (8)

KOEP:

```
MERKE (C = 0)
HOLE KOEP
  VON X'01'
  BIS X'01'
MERKE (C = C + 1)
STOP BEI C = 2
LISTE HEXA (QKOEP)
ENDE
```

DS-Pos.	012345678910	15	20	30	40	50	60

```
CHAR      ...âKE.01198900000001610100000000054400010        MBK12001000..01
HEX-      0204DC0FFFFFFDFFFFFFFFFFFFFFFFFFFFFFFFFFFF444444DCDFFFFFFFF20FF
CODE      3002251011989600000016101000000000544000100000004221200100E301
Schlüssel:
Position :      6                    23
          Schlüssel
```

DS-Pos.		70	80	90	100	110	120

```
CHAR      .    ...198910231989102319891116198910BOCKISCH       .⌐..... .
HEX-      04444002FFFFFFFFFFFFFFFFFFFFFFFFFFFFFFFCDCDCECC44440800000414
CODE      0000000D19891023198910231989111619891026329238000010A00051C0
```

Schlüssel- : X'01F0F1F1F9F8F9D6F0F0F0F0F0F0F0F0F0F0'
definition

    MANDT (1), BUKRS (2), GJAHR (4), SATYP (1), WERKS (2),
    KOSTL (8)

BANF:

```
MERKE (C = 0)
HOLE BANF
  VON X'01'
  BIS X'01'
MERKE (C = C + 1)
STOP BEI C = 2
LISTE HEXA (QBANF)
ENDE
```

DS-Pos.	012345678910	15	20	30	40	50	60

```
CHAR        .4..E1.B01XX00000000000000000000000608670000100. .NB JR
HEX-        0F02CF0CFFEEFFFFFFFFFFFFFFFFFFFFFFFFFFFFFFFFFF043DC4DD44444444
CODE        140D5112017700000000000000000000000060867000010000045201900000000
Schlüssel:
Position :  6                                          37
            Schlüssel
```

DS-Pos.	70	80	90	100	110	120

```
CHAR         19950621XKLUßMANN               . .XX986212    030
HEX-         444FFFFFFFFEDDEADCDD44444444444444444041EEFFFFFFF444FFF4444444
CODE         0001995062172341415500000000000000010C779862120000300000000
```

```
Schlüssel- :   X'01C2F0F1E7E7F0F0F0F0F0F0F0F0F0F0F0F0F0F0F0F0F0F0F0
definition     F0F0F0F0F0F0F0F0'
```

**MANDA (1), MAFID (2), BUKRS (2), WERKS (2), MATNR (18),
BANFN (8)**

BEST:

```
MERKE (C = 0)
HOLE BEST
  VON X'01'
  BIS X'01'
MERKE (C = C + 1)
STOP BEI C = 2
LISTE HEXA (QBSBK)
ENDE
```

DS-Pos.	012345678910	15	20	30	40	50	60

```
CHAR        .M..EK.F0111000000BX.*          . ÖRB    1993080319931014KÖ
HEX-        0D02CD0CFFFFFFFFFFCE05444444444444444046DC444FFFFFFFFFFFFFFFFFDE
CODE        340352160111000000270C000000000000000A920001993080319931014 20
Schlüssel:
Position :  6            17
            Schlüssel
```

DS-Pos.	70	80	90	100	110	120

```
CHAR        THE      ....JJ   DM   ................   ...00061343D04
HEX-        ECC4444444400000DD4444CD444001000001000000004444002FFFFFFFFCFF
CODE        385000000000000110000440000000C00000C0100C000000C00016343404
```

```
Schlüssel- :   X'01C6F0F1F0F0F0F0F0F0F0F0F0F0'
definition
```

MANDT (1), BSTYP (1), BUKRS (2), BSTNR (8)

KONK:

```
MERKE (C = 0)
HOLE KONK
  VON X'01'
  BIS X'01'
MERKE (C = C + 1)
STOP BEI C = 2
LISTE HEXA (QKONK)
ENDE
```

DS-Pos.	012345678910	15	20	30	40	50	60

```
CHAR        .ö..EX.K0112000471000000000000000000. ÖWK  1996082819960828BE
HEX-        0602CE0DFFFFFFFFFFFFFFFFFFFFFFFFFFFFF046ED444FFFFFFFFFFFFFFFFFCC
CODE        4A0357120112000471000000000000000000A620001996082819960828 25
```
Schlüssel:
Position :   6   17
              Schlüssel

DS-Pos.	70	80	90	100	110 ...	120

```
CHAR        HNKE.H  ....JJ    DM ................  ...00060984D01
HEX-        CDDC4C44440000DD4444CD44400000000000000000004444000FFFFFFFFCFFF
CODE        8525B8000000001100004400000000F00000F0100F000000F00060984401
```

Schlüssel- : X'01D2F0F1F0F0F0F0F0F0F0F0'
definition
            MANDT (1), BSTYP (1), BUKRS (2), RAHNR (8)

AUFK:

```
MERKE (C = 0)
HOLE AUFK
  VON X'01'
  BIS X'01'
MERKE (C = C + 1)
STOP BEI C = 2
LISTE HEXA (QAUFK)
ENDE
```

DS-Pos.	012345678910	15	20	30	40	50	60

```
CHAR        .°..OR..⌐40.011000000001996199519891005000000000DM      WAGNER
HEX-        0900DD007FF0FFFFFFFFFFFFFFFFFFFFFFFFFFFFFFFFFFFFFFCD44444ECCDCD4
CODE        1006690044010110000000019961995198910050000000044000006175590
```
Schlüssel:
Position :   11   23
                Schlüssel

DS-Pos.	70	80	90	100	110	120

```
CHAR                    BITTER.U   1024          19960103I I J01.
HEX-        4444444444444444444CCEECD4E4444FFFF44444444444FFFFFFFFC4C4DFF0
CODE        00000000000000000000293359B40000102400000000000001996010390901010
```

Schlüssel- : X'01F0F1F1F0F0F0F0F0F0F0F0'
definition
            MANDT (1), BUKRS (2), WERKS (2), AUFNR (8)

Legende:
CHAR   = Zeichen
HEX-CODE = Zeichen als Hexadezimalcode (Halbbyte)

7.6 Anhang F - Testabfragen und Ergebnisdarstellung

Testabfragen Stammdaten:

Testabfrage 'Materialstamm MARA'

```
HOLE MARA
      VON   X'01D4'                    *% Zugriff über Schlüssel
      BIS    X'01D4'                    *% teilqualifiziert
*% NIMM BIS 9999. SATZ
SORT MATNR, LGRKZ
DANN LISTPARA 2 LEERSPALTEN OHNE KOPF
   TITEL ( 30 'STADTWERKE HANNOVER  AG  SIRON 94.1 / MVS  LIZENZ',
         30 'TEST SAP MARA ADABAS ',
         30 'BUCH.KREIS 01',
         30 'DATUM: '  DATUM, 72 UHRZEIT,
         87 'SEITE: ' <3.0>SEITENZ1, 1 '-' (132),
          1 'MATNR', 10 'MATBEZ.', 34 'LKZ', 40 'BELNR.',
         52 'PREIS ', 1 '-' (60) )
   LISTE  ( <8.11>  MATNR,
            <20>    KTXMA,
                    LGRKZ,                Materialsortierung nach
            < 8>    LBELN,                Materialnummern und Lager-
            <8.2>   VKPRS)               kennzeichen
ENDE
```

Testabfrage 'Lieferantenstamm LIFA'

```
HOLE LIFA
      VON   X'01D2F0F0F0F6F0F0F0F0'  *% Zugriff über
      BIS    X'01D2F0F0F0F7F9F9F9F9'  *% Schlüssel
MERKE (VGFELD =  1000000 * -1)
SOFERN    GJAHR = '1994' BIS '1996'
          UND    JAHRUMS < VGFELD
SORT GJAHR,JAHRUMS
DANN LISTPARA 2 LEERSPALTEN OHNE KOPF
   TITEL ( 30 'STADTWERKE HANNOVER  AG  SIRON 94.1 / MVS  LIZENZ',
         30 'TEST SAP LIFA ADABAS UMSAETZE  1994 BIS  1996',
         30 'BUCH.KREIS 01      AB 1.000.000,-- DM', 30 'DATUM: '  DATUM,
         72 UHRZEIT, 87 'SEITE: ' <3.0>SEITENZ1, 1 '-' (132), 1 'LIFNR',
         10 'KREDITOR', 36 'PLZ', 49 'O  R  T', 72 'STRASSE', 100 'BK', 107 'GJ',
         115 'JAHRESUMSATZ DM', 1 '-' (132)  )
   LISTE  ( <5.4>  LIFNR,
            <25>   LIFNAM,
                   LIFPLZ,
            <20>   LIFORT,
            <20>   LSTRAS,
           100     BUKREIS,
           107     GJAHR,             alle Kreditoren mit einem
           113 <13.2T> JAHRUMS    )   Umsatz von mehr als 1 Mio.
ENDE                                   in 1994 bis 1996
```

Testabfrage 'Kundenstamm KUNA'

HOLE KUNA
      VON X'01C4F0F0F0F0F0F0F0F0' *% *Zugriff über Schlüssel*
      BIS   X'01C4F0F0F0F1F5F9F9F9' *% *vollqualifiziert*
*% NIMM BIS 9999. SATZ
MERKE (VGFELD = 1000000)
SOFERN   GJAHR = '1994' BIS '1996'
           UND   KUMJUC > VGFELD
SORT DEBNR,KUMJUC
DANN LISTPARA 2 LEERSPALTEN OHNE KOPF
    TITEL (30 'STADTWERKE HANNOVER AG SIRON 94.1 / MVS LIZENZ',
         30 'TEST SAP KUNA ADABAS UMSAETZE 1994 BIS 1996',
         30 'BUCH.KREIS 01   AB 1.000.000,-- DM', 30 'DATUM: ' DATUM,
         72 UHRZEIT, 87 'SEITE: ' <3.0>SEITENZ1, 1 '-' (132),
         1 'DEBNR', 10 'DEBITOR', 36 'PLZ', 49 'O R T', 72 'STRASSE', 100 'BK',
         107 'GJ', 115 'JAHRESUMSATZ DM', 1 '-' (132))
    LISTE (<5.4>   DEBNR,
             <25>   NAME1,
                     PLZ,
             <20>   ORT,
             <20>   STRASSE,
          100   BUKR,
          107   GJAHR,   *alle Debitoren mit einem*
          113 <13.2T> KUMJUC   )   *Umsatz von mehr als 1 Mio.*
ENDE   *in 1994 bis 1996*

Testabfrage 'Kostenstellenstamm KOST'

HOLE KOST
      VON X'01C3F0F1'   *% *Zugriff über Schlüssel*
      BIS   X'01C3F0F1'   *% *teilqualifiziert*
*% NIMM BIS 9999. SATZ
SORT KOSTL, BUKRS, GJAHR
DANN LISTPARA 2 LEERSPALTEN OHNE KOPF
    TITEL (30 'STADTWERKE HANNOVER AG SIRON 94.1 / MVS LIZENZ',
         30 'TEST SAP KOST ADABAS ',
         30 'BUCH.KREIS 01',
         30 'DATUM: ' DATUM, 72 UHRZEIT,
         87 'SEITE: ' <3.0>SEITENZ1,
         1 '-' (132),
         1 'KOSTNR', 12 'BUKR', 18 'WERK', 24 'GJAHR',
         32 'KOSTBEZ', 56 'ABT',
         1 '-' (70))
    LISTE (1 <8> KOSTL,
           12 <2> BUKRS,
           18   WERKS,   *Kostenstellensortierung*
           24 <4> GJAHR,   *nach Kostenstellen,*
           32 <20> KOSTBEZ,   *Buchungskreisen und*
           56 <10> ABT)   *Geschäftsjahren*
ENDE

Testabfrage 'Kosten- und Leistungsarten KOLA'

HOLE KOLA
    VON X'014040F0F1'   *% *Zugriff über Schlüssel*
    BIS   X'014040F0F1'   *% *teilqualifiziert*
*% NIMM BIS 9999. SATZ
SORT KOSTL, BUKRS, GJAHR
DANN LISTPARA 2 LEERSPALTEN OHNE KOPF
    TITEL (30 'STADTWERKE HANNOVER AG SIRON 94.1 / MVS LIZENZ',
          30 'TEST SAP KOLA ADABAS ',
          30 'BUCH.KREIS 01',
          30 'DATUM: ' DATUM, 72 UHRZEIT,
          87 'SEITE: ' <3.0>SEITENZ1,
          1 '-' (132),
          1 'KOSTNR', 12 'BUKR', 18 'WERK', 24 'GJAHR',
          32 'KSTAR', 46 'MSGFA',
          1 '-' (60))
    LISTE (1   <8>   KOSTL,
          12   <2>   BUKRS,
          18   WERKS,
          24   <4>   GJAHR,
          32   <8>   KSTAR,
          46 <9.2>   MSGFA)
ENDE   *wie zuvor*

Testabfrage 'Sachkontenstamm SKSA'

HOLE SKSA
    VON X'01E2F0F0F0F0F0F0F0F0' *% *Zugriff über Schlüssel*
    BIS   X'01E2F9F9F9F9F9F9F9F9' *% *vollqualifiziert*
*% NIMM BIS 9999. SATZ
SORT KTNRA, BUKRB, GJAHRB
DANN LISTPARA 2 LEERSPALTEN OHNE KOPF
    TITEL (30 'STADTWERKE HANNOVER AG SIRON 94.1 / MVS LIZENZ',
          30 'TEST SAP SKSA ADABAS',
          30 'BUCH.KREIS 01',
          30 'DATUM: ' DATUM, 72 UHRZEIT,
          87 'SEITE: ' <3.0>SEITENZ1,
          1 '-' (132),
          1 'SACHNR', 12 'BUKR', 18 'WERK', 24 'GJAHR',
          32 'SACHBEZ',
          1 '-' (70))
    LISTE (1   <8> KTNRA,
          12   <2> BUKRB,
          18   WERKS,
          24   <4> GJAHRB,
          32 <30> SKBEZ)
ENDE   *Sachkontenstammsortierung*
                                              nach Sachkontennummern,
                                              Buchungskreisen und
                                              Geschäftsjahren

Testabfrage 'Anlagenstammdatei ANLA'

```
HOLE ANLA
     VON  X'01C1F0F1'  *% Zugriff über Schlüssel
     BIS  X'01C1F0F1'  *% teilqualifiziert
*% NIMM BIS 9999. SATZ
SORT ANLN1, BUKRS
DANN LISTPARA 2 LEERSPALTEN OHNE KOPF
   TITEL ( 30 'STADTWERKE HANNOVER AG SIRON 94.1 / MVS LIZENZ',
          30 'TEST SAP ANLA ADABAS ',
          30 'BUCH.KREIS 01',
          30 'DATUM: ' DATUM, 72 UHRZEIT,
          87 'SEITE: ' <3.0>SEITENZ1,
           1 '-' (132),
           1 'ANLANR', 12 'BUKR', 18 'KTART',
          32 'ANLABEZ',
           1 '-' (70)  )
   LISTE ( 1   <8> ANLN1,
          12   <2> BUKRS,
          18   <2> KTOAA,                    Anlagenstammsortierung
          32  <20> ANLTX )                   nach Anlagennummern und
ENDE                                         Buchungskreisen
```

Testabfragen Bewegungsdaten:

Testabfrage 'Allgemeine Belegdatei ABEZ'

```
HOLE ABEZ
     VON  X'01F0F1F3F1F0F0F0F0F0F0'      *% Zugriff über Schlüssel
     BIS  X'01F0F1F3F1F1F0F9F9F9F9'      *% vollqualifiziert
SOFERN LIFNR NE '00000000'
SORT LIFNR
DANN LISTPARA 2 LEERSPALTEN OHNE KOPF
   TITEL ( 30 'STADTWERKE HANNOVER AG SIRON 94.1 / MVS LIZENZ',
          30 'TEST SAP ABEZ ADABAS ',
          30 'BUCH.KREIS 01',
          30 'DATUM: ' DATUM, 72 UHRZEIT,
          87 'SEITE: ' <3.0>SEITENZ1,
           1 '-' (132),
           1 'LIFNR', 16 'BSTNR', 28 'BLDAT',
          38 'BUDAT', 50 'BUKR ', 58 'BLTXT'
           1 '-' (70)  )
   LISTE ( 1   <8> LIFNR,
          16   <8> BELNR,
          28   <8> BLDAT,
          38   <8> BUDAT,
          50   <2> BUKRS,                    Buchhaltungsbelegsortie-
          58  <12> BKTXT )                   rung nach Lieferanten-
ENDE                                         nummer sortiert
```

Testabfrage 'Kostenrechnungseinzelposten KOEP'

```
HOLE KOEP
    VON  X'01F0F1'                          *% Zugriff über Schlüssel
    BIS  X'01F0F1'                          *% teilqualifiziert
DANN LISTPARA 2 LEERSPALTEN OHNE KOPF
    TITEL ( 30 'STADTWERKE HANNOVER AG SIRON 94.1 / MVS LIZENZ',
        30 'TEST SAP KOEP ADABAS ',
        30 'BUCH.KREIS 01',
        30 'DATUM: ' DATUM, 72 UHRZEIT,
        87 'SEITE: ' <3.0>SEITENZ1,
         1 '-' (132),
         1 'KOSTL', 13 'GJAHR', 20 'BELNR',
        32 'AUFNR', 44 'BUKR', 52 'ARTNR'
         1 '-' (70)  )
BEI WECHSEL
    VON KOSTL
    DRUCKE ( '*' (50), ZEILE (2) )
    LISTE  ( 1  <8>   KOSTL,                             .. \
            13  <4>   GJAHR,
            20  <8>   BELNR,
            32  <8>   AUFNR,              Kostenstelleneinzelposten
            44  <2>   BUKRS,              nach Kostenstellen sortiert
            52  <8.11> ARTNR )
ENDE
```

Testabfrage 'Bestellanforderungen BANF'

```
HOLE BANF
    VON  X'01C2F0F1F0F1'                     *% Zugriff über Schlüssel
    BIS  X'01C2F0F1F0F1'                     *% teilqualifiziert
SORT BANFN
DANN LISTPARA 2 LEERSPALTEN OHNE KOPF
    TITEL ( 30 'STADTWERKE HANNOVER AG SIRON 94.1 / MVS LIZENZ',
        30 'TEST SAP BANF ADABAS',
        30 'BUCH.KREIS 01',
        30 'DATUM: ' DATUM, 72 UHRZEIT,
        87 'SEITE: ' <3.0>SEITENZ1,
         1 '-' (132),
         1 'BANFN', 12 'MATNR', 24 'BUKR', 30 'WERK',
        36 'TXT',
         1 '-' (132)  )
    LISTE  ( 1  <8>      BANFN,
            12  <8.11>   MATNR,
            24  <2>      BUKRS,
            30  <2>      WERKS,            Bestellanforderungen mit
            36  <20>     TXZ01 )           Materialzuordnung
ENDE
```

Testabfrage 'Bestellungen BEST'

```
HOLE BEST
      VON   X'01C6F0F1'                    *% Zugriff über Schlüssel
      BIS   X'01C6F0F1'                    *% teilqualifiziert
SORT BSTNR, BBWRT
DANN LISTPARA 2 LEERSPALTEN OHNE KOPF
   TITEL ( 30 'STADTWERKE HANNOVER  AG  SIRON 94.1 / MVS  LIZENZ',
         30 'TEST SAP BEST ADABAS',
         30 'BUCH.KREIS 01',
         30 'DATUM: '  DATUM,  72 UHRZEIT,
         87 'SEITE: '  <3.0>SEITENZ1,
          1 '-' (132),
          1 'BSTNR',  12 'MATNR',  24 'MENGE', 36 'PREIS',
         48 'GES.BR.' ,  1 '-' (132)  )
      LISTE  ( 1  <8>           BSTNR,
              12  <8.11>        ARTNR,
              24  <9.2>         MENGE,
              36  <9.2>         PREIS,
              48  <9.2>         BBWRT  )
ENDE
```

Bestellungen, sortiert nach Bestellnummer und Bestellwert

Testabfrage 'Rahmenbestellungen KONK'

```
HOLE KONK
      VON   X'01D2F0F1'                    *% Zugriff über Schlüssel
      BIS   X'01D2F0F1'                    *% teilqualifiziert
DANN LISTPARA 2 LEERSPALTEN OHNE KOPF
   TITEL ( 30 'STADTWERKE HANNOVER  AG  SIRON 94.1 / MVS  LIZENZ',
         30 'TEST SAP KONK ADABAS',
         30 'BUCH.KREIS 01',
         30 'DATUM: '  DATUM,  72 UHRZEIT,
         87 'SEITE: '  <3.0>SEITENZ1,
          1 '-' (132),
          1 'RAHMNR',  12 'BUKR',  18 'POS', 27 'TXT', 55 'MAT',
         67 'NWERT', 1 '-' (132)   )
WENN SEGID = 'Y'
DANN
  BEI WECHSEL
  VON RAHNR
  DRUCKE ('*' (100) )
   LISTE  (   1  <8>         RAHNR,
             12  <2>         BUKRS,
             18  <5>         KTRPO,
             27  <20>        TXZ01,
             55  <8.11>      ARTNR,
             67  <9.2>       NETWR  )
ENDE-WENN
ENDE
```

Rahmenbestellungen, nur die Positionen

Testabfrage 'Aufträge AUFK'

```
HOLE AUFK
      VON   X'01F0F1F0F1'              *% Zugriff über Schlüssel
      BIS   X'01F0F1F0F1'              *% teilqualifiziert
SORT WERKS
DANN LISTPARA 2 LEERSPALTEN OHNE KOPF
   TITEL ( 30 'STADTWERKE HANNOVER  AG  SIRON 94.1 / MVS  LIZENZ',
           30 'TEST SAP AUFK ADABAS',
           30 'BUCH.KREIS 01',
           30 'DATUM: '  DATUM,  72 UHRZEIT,
           87 'SEITE: '  <3.0>SEITENZ1,
            1 '-' (132),
            1 'AUFNR',  12 'BUKR',  18 'WERK',  24 'BLDAT',
           32 'ABTLGZ',
            1 '-' (132)  )
   LISTE ( 1    <8>   AUFNR,
           12   <2>   BUKRS,
           18   <2>   WERKS,
           24   <4>   BLDAT,            Aufträge, sortiert nach
           32   <20>  ABTEI  )          Werken
ENDE
```

Ergebnisübersicht der o.a. Abfragen:

Nachfolgend werden auszugsweise die Ergebnisse der o.a. Abfragen mit Produktivdaten der SWH (verfälscht) dargestellt.

Abfrage MARA:

```
           STADTWERKE HANNOVER AG SIRON 94.1 / MVS
           TEST SAP MARA ADABAS
           BUCH.KREIS 01
           DATUM: 15.11.1996        10:07:09
-----------------------------------------------------------------
MATNR   MATBEZ.                       LKZ  BELNR.  PREIS
-----------------------------------------------------------------
70010384  AUSSCHALTER STOTZ #E            00000000  0,00
70010385  AUSSCHALTER STOTZ #E            00000000  0,00
70010386  AUSSCHALTER STOTZ #E                      0,00
70010387  LEUCHTMELDER STOTZ #                      0,00
70010388  SICHERUNGSAUTOMAT #S                      0,00
70010389  SICHERUNGSAUTOMAT #S                      0,00
70010390  SICHERUNGSAUTOMAT #S                      0,00
70010391  SICHERUNGSAUTOMAT #S                      0,00
70010392  SICHERUNGSAUTOMAT #S                      0,00
70010393  SICHERUNGSAUTOMAT #S                      0,00
70010394  SICHERUNGSAUTOMAT #S                      0,00
70010395  SICHERUNGSAUTOMAT #S                      0,00
70010396  SICHERUNGSAUTOMAT #S                      0,00
```

Abfrage LIFA:

<Bild links>

```
           STADTWERKE HANNOVER AG SIRON 94.1 / MVS
           TEST SAP LIFA ADABAS UMSAETZE 1994 BIS
           BUCH.KREIS 01
           DATUM: 15.11.1996        11:57:49
-----------------------------------------------------------------
LIFNR KREDITOR                    PLZ    ORT         STRASSE
-----------------------------------------------------------------
61517 RUHRGAS                     45138  ESSEN       HUTTROPSTR.60
61518 RUHRKOHLE AG                45128  ESSEN       RELLINGHAUSER STR.
61428 PREUSSENELEKTRA AG          30457  HANNOVER    TRESCKOWSTR. 5
62049 WIRTSCHAFTLICHE VEREINIG    60596  FRANKFURT   KENNEDYALLEE 89
63154 GEWERKSCHAFT AUGUSTE VI     45772  MARL        VICTORIASTR. 43
60675 DEUTZ ERDGAS GMBH           30989  GEHRDEN     GARTENSTR. 4
```

<Bild rechts>

```
-----------------------------------------
BK   GJ    JAHRESUMSATZ DM
-----------------------------------------
01   1994       243.456.932,56-
01   1994       191.731.809,52-
01   1994       126.629.750,51-
01   1994        28.674.371,90-
01   1994        23.736.589,45-
01   1994         9.468.016,18-
```

Abfrage KUNA:

<Bild links>

STADTWERKE HANNOVER AG SIRON 94.1 / MVS
TEST SAP KUNA ADABAS UMSAETZE 1994 BIS
BUCH.KREIS 01
DATUM: 15.11.1996   10:06:33

DEBNR	DEBITOR	PLZ	ORT	STRASSE
14001	GKH	30447	HANNOVER	IHMEPLATZ 2
14101	GHG	30449	HANNOVER	IHMEPLATZ 2
14301	ÜSTRA	30159	HANNOVER	AM HOHEN UFER 6
15010	GES.F.BAUEN U.WOH	30655	HANNOVER	IN DEN SIEBEN STUECK
15010	GES.F.BAUEN U.WOH	30655	HANNOVER	IN DEN SIEBEN STUECK
15010	GES.F.BAUEN U.WOH	30655	HANNOVER	IN DEN SIEBEN STUECK

<Bild rechts>

BK	GJ	JAHRESUMSATZ DM
01	1996	12.664.381,08
01	1996	1.230.771,68
01	1996	246.041,71
01	1995	192.815,50
01	1994	173.944,64
01	1995	142.440,05

Abfrage KOST:

STADTWERKE HANNOVER AG SIRON 94.1 / MVS
TEST SAP KOST ADABAS
BUCH.KREIS 01
DATUM: 15.11.1996   10:06:06

KOSTNR	BUKR	WERK	GJAHR	KOSTBEZ	ABT
00098111	01		1994	ANHAENGER MEHRACHSIG	OE 3351
00098112	01	09	1992	ANHAENGER MEHRACHSIG	OE 3202
00098112	01	09	1993	ANHAENGER MEHRACHSIG	OE 3202
00098112	01		1994	ANHAENGER MEHRACHSIG	OE 3351
00098113	01	09	1992	ANHAENGER MEHRACHSIG	OE 3202
00098113	01	09	1993	ANHAENGER MEHRACHSIG	OE 3202
00098113	01		1994	ANHAENGER MEHRACHSIG	OE 3351
00098114	01	09	1992	ANHAENGER MEHRACHSIG	OE 3202

Abfrage KOLA:

```
                STADTWERKE HANNOVER AG SIRON 94.1 / MVS
                TEST SAP KOLA ADABAS
                BUCH.KREIS 01
                DATUM: 15.11.1996        09:42:11
```

KOSTNR	BUKR	WERK	GJAHR	KSTAR	MSGFA
00016224	01	01	1992	00731010	0,00
00016224	01	01	1992	00757100	0,00
00016224	01	01	1992	00765900	0,00
00016226	01	01	1992	00757100	0,00
00016226	01	01	1992	00765900	0,00
00016240	01	01	1992	00545000	0,00
00016240	01	01	1992	00757000	0,00
00016240	01	01	1992	00765900	0,00

Abfrage SKSA:

```
                STADTWERKE HANNOVER AG SIRON 94.1 / MVS
                TEST SAP SKSA ADABAS
                BUCH.KREIS 01
                DATUM: 15.11.1996        10:09:10
```

SACHNR	BUKR	WERK	GJAHR	SACHBEZ
00029062	..	..	....	ABSCHR.A.GRDST. U. GRDSTCKGL.
00029062	..	..	....	ABSCHR.A.GRDST. U. GRDSTCKGL.
00029063	..	..	....	ABSCHREIBUNGEN AUF BAUTEN A.FR
00029063	..	..	....	ABSCHREIBUNGEN AUF BAUTEN A.FR
00029200	..	..	....	BANK F.GEMEINWIRTSCHAFT RATHEN
00029210	..	..	....	BRAUNSCHW-HANN-HYPOBK,LANDSCHA
00029235	..	..	....	STADTSPARKASSE HANN.,POSTFACH
00029236	..	..	....	STADTSPARKASSE HANN.,POSTFACH
00029237	..	..	....	STADTSPARKASSE HANN.,POSTFACH
00029238	..	..	....	STADTSPARKASSE HANN.,POSTFACH

Abfrage ANLA:

```
                STADTWERKE HANNOVER AG SIRON 94.1 / MVS
                TEST SAP ANLA ADABAS
                BUCH.KREIS 01
                DATUM: 15.11.1996        09:41:08
```

ANLANR	BUKR	KTOART	ANLABEZ
00011050	01	A	H-SONST.IMM.GWG
00011051	01	A	H-BETR.U.GESCH.
00011052	01	A	H-BETR.U.GESCH.
00011053	01	A	H-BETR.GES.GWG
00011054	01	A	H-BETR.GES.GWG
00011055	01	A	H-BETR.GES.GWG
00011056	01	A	H-BETR.U.GESCH.
00011057	01	A	H-BETR.GES.GWG

Abfrage ABEZ:

```
STADTWERKE HANNOVER AG SIRON 94.1 / MVS
TEST SAP ABEZ ADABAS
BUCH.KREIS 01
DATUM: 15.11.1996        09:29:08
```

LIFNR	BSTNR	BLDAT	BUDAT	BUKR	BLTXT
00060003	31073358	19950406	19950410	01	-2151
00060003	31075269	19950425	19950427	01	-2151
00060003	31066224	19950209	19950210	01	-2121
00060003	31080930	19950614	19950615	01	-2151
00060003	31062594	19950102	19941231	01	-2101
00060003	31069482	19950307	19950309	01	11018896 215
00060003	31061728	19950104	19950104	01	-2102
00060005	31063324	19950117	19950118	01	11022876 201

Abfrage KOEP:

```
STADTWERKE HANNOVER AG SIRON 94.1 / MVS
TEST SAP KOEP ADABAS
BUCH.KREIS 01
DATUM: 15.11.1996        09:42:40
```

KOSTL	GJAHR	BELNR	AUFNR	BUKR	ARTNR
00531902	1994	31041216	00005319	01	00000000
00531902	1994	31041216	00005319	01	00000000
00531902	1994	31041216	00005319	01	00000000
00531902	1994	10925840	00005319	01	00000000
00531902	1994	31042738	00005319	01	00000000
00531902	1994	31045813	00005319	01	00000000
00531902	1994	39061194	00005319	01	00000000
00531902	1994	31020780	00005319	01	00000000

Abfrage BANF:

```
STADTWERKE HANNOVER AG SIRON 94.1 / MVS
TEST SAP BANF ADABAS
BUCH.KREIS 01
DATUM: 15.11.1996        10:52:09
```

BANFN	MATNR	BUKR	WERK	TXT
00094527	00000000	01	37	ANSCHLUßFLANSCHE, B-
00094527	00000000	01	37	ANSCHLUßFLANSCHE, B-
00094556	00000000	01	37	DRUCKMEßUMFORMER 0-1
00094788	00000000	01	37	DIVERSE REPARATUREN
00094897	00000000	01	37	TRENNVERSTÄRKER AD-T
00094918	00000000	01	37	KUGELHÄHNE, BÖHMER K
00094918	00000000	01	37	KUGELHÄHNE, BÖHMER.
00094918	00000000	01	37	KUGELHÄHNE, BÖHMER.

Abfrage BEST:

```
                STADTWERKE HANNOVER  AG  SIRON 94.1 / MVS
                TEST SAP BEST ADABAS
                BUCH.KREIS 01
                DATUM: 15.11.1996        10:52:09
```

BSTNR	MATNR	MENGE	PREIS	GES.BR.
11000007	70027513	40,000	2,97	118,18
11000009	70024520	24,000	8,95	161,10
11000010	70017958	4,000	3838,20	15352,80
11000011	70024609	3,000	176,76	106,06
11000012	00000000	2,000	23,60	2752,20
11000012	00000000	3,000	734,00	2752,20
11000012	00000000	1,000	503,00	2752,20
11000014	70024240	60,000	8,01	1284,20

Abfrage KONK:

```
                STADTWERKE HANNOVER  AG  SIRON 94.1 / MVS
                TEST SAP KONK ADABAS
                BUCH.KREIS 01
                DATUM: 15.11.1996        10:52:09
```

RAHMNR	BUKR	POS	TXT	MATNR	NWERT
12000005	01	00010	Schleifpapier Körnun	70021025	0,00
12000005	01	00020	Schleifpapier Körnun	70021026	55,40
12000005	01	00030	Schleifpapier Körnun	70021027	48,80
12000005	01	00040	Schleifpapier Körnun	70021028	44,60
...					
12000005	01	00080	Schleifpapier Körnun	70021032	166,20
12000005	01	00090	Schleifpapier Körnun	70021033	98,94
12000005	01	00100	Schleifpapier Körnun	70021034	174,54
12000005	01	00110	Schleifpapier Körnun	70021035	186,83

Abfrage AUFK:

```
                STADTWERKE HANNOVER  AG  SIRON 94.1 / MVS
                TEST SAP AUFK ADABAS
                BUCH.KREIS 01
                DATUM: 15.11.1996        10:52:09
```

AUFNR	BUKR	WERK	BLDAT	ABTLG
80002337	01	01	1990	3102203
80013292	01	01	1991	3102203
80013292	01	01	1991	3102203
...				
80009204	01	10	1991	2020-10
80009204	01	10	1991	2020-10

Die auszugsweise dargestellten Ergebnisse wurden exemplarisch am 15. November 1996 generiert. Diese Ergebnisse können als Richtwerte/Schablonen für weitere Anbindungen gesehen bzw. als solche in anderen Unternehmen genutzt werden.

7.7 Anhang G - Zusammenführen von Stamm- und Belegdateien

Gewünschte Informationen sind meist in unterschiedlichen Dateien vorhanden, so daß ein Zusammenführen von zwei oder mehreren Dateien erfolgen muß. Nachfolgend wird beispielhaft dargestellt, wie dies erfolgt.

Es werden innerhalb eines Belegintervalls (Belegnummern 31050000 bis 31059999) alle Datensätze angezeigt, die Lagermaterial beinhalten. Zu diesen Datensätzen wird die Materialbezeichnung aus der Materialstammdatei MARA herausgelesen, die Materialnummer der ABEZ (ARTNR) dient dabei als Schlüsselfeld für den Materialstamm.

Testabfrage 'Allgemeine Belegdatei ABEZ' und 'Materialstammdatei MARA'

```
HOLE ABEZ
      VON   X'01F0F1F3F1F0F5F0F0F0F0'        *% Zugriff über Schlüssel
      BIS   X'01F0F1F3F1F0F5F9F9F9F9'        *% vollqualifiziert
SOFERN ARTNR NE '000000000000000000'
DANN LISTPARA 2 LEERSPALTEN OHNE KOPF
   TITEL ( 30 'STADTWERKE HANNOVER AG SIRON 94.1 / MVS LIZENZ',
         30 'TEST SAP ABGLEICH ABEZ-MARA   ADABAS', 30 'BUCH.KREIS 01',
         30 'DATUM: ' DATUM, 72 UHRZEIT, 87 'SEITE: ' <3.0>SEITENZ1,
          1 '-' (132), 1 'BELNR', 14 'BUDAT', 26 'BUKR',
         34 'MATNR', 46 'MATBEZ', 1 '-' (70)   )
LIES MARA MIT X'01D4' + ABEZ.ARTNR
   LISTE ( 1   <8>         BELNR,
          14   <8>         BUDAT,
          26   <2>         BUKRS,
          34   <8.11>      ARTNR,
          46   <20>        MARA.KTXMA )           Lesen von Buchhaltungs-
ENDE                                              belegen und Zusammenfüh-
                                                  rung mit Materialstamm
```

Ergebnisdarstellung ABEZ-MARA:

```
STADTWERKE HANNOVER AG SIRON 94.1 / MVS
TEST SAP ABGLEICH ABEZ-MARA   ADABAS
BUCH.KREIS 01
DATUM: 15.11.1996          11:07:56
```

BELNR	BUDAT	BUKR	MATNR	MATBEZ
31050518	19941011	01	70029855	Acetylen Fl.-Typ 40
31050529	19941011	01	70029853	Acetylen Fl.-Typ 10
31050529	19941011	01	70029872	Sauerstoff 2.5/99,5
31050529	19941011	01	70029875	Sauerstoff 2.5/99,5
31050529	19941011	01	70029869	Stickstoff Fl.-Typ 1
31050558	19941011	01	70029866	Kohlensäure CO2 Fl.-

8. Literaturverzeichnis

Fachbücher

BEER, T.	Die Revision im technischen Bereich, Technological Economics, Bd. 18, Berlin, 1986
BIETHAN, J./HUCH, B. (Hrsg.):	Informationssysteme für das Controlling Berlin, Heidelberg u.a. 1994
C.A. KOCH'S VERLAG (Hrsg.):	Duden Das Fremdwörterbuch, Mannheim, 5. Auflage 19|
CDI (Hrsg.):	SAP R/3 - Grundlagen, Architektur, Anwendung, Haar bei München 1994
EULER, K. A.:	Interne Kontrollen im Unternehmen, Berlin 1984
EULER, K. A.:	Interne Kontrollen im Unternehmen, Berlin, 2. Auflage 1992
HANS, L./WARSCHBURGER, V.:	Controlling, München, Wien 1996
HANSEN, H.-R.:	Wirtschaftsinformatik I., Stuttgart, Jena, 6. Auflage 19|
HOFMANN, R.:	Prüfungs-Handbuch: Praxisorientierter Leitfaden einer umfassenden Revisionskonzeption, Berlin, 2. Auflage 1994
KLETT VERLAG FÜR : WISSEN UND BILDUNG (Hrsg.)	PONS Großwörterbuch, Stuttgart, 2. Auflage 1995
KLUTMANN, L.:	Integration eines strategischen Informations- und Kommunikationsmanagements in alternativen Organisationsformen, Frankfurt/Main, 1992
KOREIMANN, D. S.:	Einführung in die Softwareentwicklung, München, Wien, 2. Auflage 1995
KRALLMANN, H.:	Systemanalyse im Unternehmen, München, Wien 1994
LEHNER, F. U.A.	Organisationslehre für Wirtschaftsinformatiker, München, Wien 1991
MERTENS, P./GRIESE, J.	Integrierte Informationsverarbeitung 2, Planungs- und Kontrollsysteme in der Industrie, Wiesbaden, 7. Auflage 1993

MERTENS, P./BODENDORF, F. U.A. Grundzüge der Wirtschaftsinformatik, Berlin, Heidelberg u.a., 4. Auflage 1996

MUCKSCH, H./BEHME, W. Das Data-Warehouse-Konzept, Wiesbaden 1996

SCHEER, A.-W. Wirtschaftsinformatik Studienausgabe, Berlin, Heidelberg u.a. 1995

SCHOLZ-REITER, B.: CIM Schnittstellen: Konzepte, Standards und Probleme der Verknüpfung von Systemkomponenten In der rechnerintegrierten Produktion, München, Wien, 2. Auflage 1991

SCHULTE, C.: Lexikon des Controlling, München, Wien 1996

SCHWARZE, J.: Systementwicklung - Grundzüge der wirtschaftlichen Planung, Entwicklung und Einführung von Informationssystemen, Berlin 1995

STAHLKNECHT, P.: Einführung in die Wirtschaftsinformatik, Berlin, Heidelberg, New York u.a., 7. Auflage 1995

STORR, D. W.: Effizienter DB-Einsatz von ADABAS, Braunschweig, Wiesbaden 1994

TEUFFEL, M.: TSO/ISPF Time Sharing Option im Betriebssystem MVS, München, Wien, 4. Auflage 1992

WENZEL, P.: Betriebswirtschaftliche Anwendungen des inegrierten Systems SAP-R/3, Braunschweig, Wiesbaden 1995

WINTER, M.: MVS/ESA JCL Einführung in die Praxis, München, Wien 1993

WÖHE, G.: Einführung in die allgemeine Betriebswirtschaftslehre, München, 18. Auflage 1993

Zeitschriften, Dokumentationen, Buchbeiträge, Fachaufsätze

HOFMANN, R.: "Dolose Handlungen - Maßnahmen zur Verhütung und
        Aufdeckung durch die Interne Revision"
In: Zeitschrift Interne Revision (Hrsg.), 23(1988) 2a, S. 42 - 64

HOFMANN, R.: "Materialwirtschaft, ein wichtiger Unternehmensbereich, unter Berück-
        sichtigung der Bedeutung der internen Kontrolle und den Aufgaben von
        Controlling, Interner Revision und Wirtschaftsprüfung"
In: Zeitschrift Interne Revision (Hrsg.), 23(1988) 3, S. 166 - 180

JANKE, G.: "Der Wandel der betriebswirtschaftlichen Überwachungsphilosophie"
In: Zeitschrift Interne Revision (Hrsg.), 30(1995) 4, S. 181 - 189

ODENTHAL, R.: "Computergestützte Datenprüfung in einer SAP-Großrechnerumgebung"
In: Zeitschrift Interne Revision (Hrsg.), 30(1995) 3, S. 144 - 154

RIEGER, B.: "Executive Information Systems (EIS): Rechnergestützte Aufbereitung von
        Führungsinformationen"
In: Krallmann, H. (Hrsg.): Innovative Anwendungen der Informations- und Kommunikationstechnologien in den 90er Jahren, München 1990, S. 103 - 125

SAP AG (Hrsg.): "Für die SAP war auch 1995 ein äußerst erfolgreiches Jahr"
In: SAP info - Das Magazin der SAP-Gruppe, Ausgabe 49, März 1996

SAP AG (Hrsg.): System RA Funktionsbeschreibung Anlagenbuchhaltung, Walldorf,
03/1986

SAP AG (Hrsg.): System RK Funktionsbeschreibung Kostenrechnung, Walldorf, 03/1993

SAP AG (Hrsg.): System RM Funktionsbeschreibung Produktionsplanung und -steuerung,
Einkauf, Materialwirtschaft, Rechnungsprüfung, Instandhaltung, Walldorf, 07/1988

SAP AG (Hrsg.): SAP-Dokumentation F09.2 "Wirtschaftsprüfung/Interne Revision SAP
System-Spezifikation, Release 4.3", Walldorf, 10/1993

SAP AG (Hrsg.): SAP-Dokumentation S12.2 "Datenbankprogrammierung Release 5.0",
Walldorf, 10/1993

SAP AG (Hrsg.): System R/2 Dokumentation (CDROM), Version 4.0 (R5.0), Walldorf 199?

STADTWERKE HANNOVER AG (Hrsg.): "Geschäftsjahresbericht 1995", Hannover 1995

TON BELLER GMBH (Hrsg.): SIRON-Dokumentation "SIRON Einführung", Bensheim
1995

TON BELLER GMBH (Hrsg.): SIRON-Dokumentation "SIRON Einführung II", Bensheim
1995

TON BELLER GMBH (Hrsg.): SIRON-Dokumentation "Entwicklungssystem und Benutzerführung auf Host- und mittleren Systemen", Bensheim 1995

TON BELLER GMBH (Hrsg.): SIRON-Dokumentation "GENAT", Bensheim 1995

TON BELLER GMBH (Hrsg.): SIRON-Dokumentation "Datenbankzugriffe SAP Version 94.1(1)", Bensheim 1995

TON BELLER GMBH (Hrsg.): "Verteilte Informationsverarbeitung mit Siron"
In: Siron-online - Nachrichten aus dem Hause Ton Beller, Bensheim, Ausgabe 1/1991

TON BELLER GMBH (Hrsg.): "Vergleichweise jung ..."
In: Siron-online - Nachrichten aus dem Hause Ton Beller, Bensheim, Ausgabe 3/1995

VOGEL, C./WAGNER, H.-P.: "Executive Information Systems: Ergebnisse einer empirischen Untersuchung zur organisatorischen Gestaltung"
In: Zeitschrift Führung + Organisation (Hrsg.), 1/1993, S. 26 - 33

Zugriff auf SAP-Dateien über Schlüssel einschließlich Auflistung der Ausprägungen der einzelnen Steuerungsfelder im jeweiligen Schlüssel — SWH AG

Stammdateien:

Datei	Schlüssel		
MARA MARAOMC	X'01D4F0F0F0F0F0F0F0F0F0F0F0F0F0F0F0F0F0F0F0F0' '.M00000000000000000000' MANDA(1), MAFID(1), MATNR(18)	krit.Feld nein	

Steuerungsfelder:		Nummernkreise	Anzahl Datensätze (etwa)
MAFID(1) : M	-> D4	70, 75, 80, 99	120.000

Datei	Schlüssel		
LIFA LIFAOMC	X'01D2F0F0F0F0F0F0F0F0F0' '.K00000000' MANDA(1), KTOART(1), LIFNR(8)	krit.Feld nein	

Steuerungsfelder:		Nummernkreise	Anzahl Datensätze (etwa)
KTOART(1) : K	-> D2	60-71, 75, 90-95	40.000

Datei	Schlüssel		
KUNA KUNAOMC	X'01C4F0F0F0F0F0F0F0F0F0' '.D00000000' MANDA(1), KTOART(1), DEBNR(8)	krit.Feld nein	

Steuerungsfelder:		Nummernkreise	Anzahl Datensätze (etwa)
KTOART(1) : D	-> C4	14, 15, 18, 20-24, 29, 30 40-42, 50-59, 80-86	85.000

Datei	Schlüssel		
KOST KOSTOAP	X'01C3F0F1F1F9F9F7F0F1F0F0F0F0F0F0F0F0F0' '.C0119970100000000' MANDA(1), MAFID(1), BUKRS(2), GJAHR(4), WERKS(2), KOSTL(8)	krit.Feld nein	

Steuerungsfelder:		Nummernkreise	Anzahl Datensätze (etwa)
MAFID(1) : C	-> C3		18.000

Zugriff auf SAP-Dateien über Schlüssel einschließlich
Auflistung der Ausprägungen der einzelnen Steuerungs-
felder im jeweiligen Schlüssel - SWH AG

KOLA   X'014040F0F1F1F9F9F7C340F0F1F0F0F0F0F0F0F0F0' <u>krit.Feld</u>
KOLAOAP   '. 011997C 0100000000'   nein
             MANDK(1), SATYO(1), SATYM(1), BUKRS(2), GJAHR(4)
             SATYP(1), HIEKZ(1), WERKS(2), KOSTL(8)

<u>Steuerungsfelder:</u>   <u>Nummernkreise</u> <u>Anzahl Datensätze (etwa)</u>

     SATYP(1) : _   -> 40   415.000
     SATYM(1) : _   -> 40
     SATYP(1) : _   -> 40
     HIEKZ(1) : _   -> 40

SKSA   X'01E2F0F0F0F0F0F0F0F0F0'   <u>krit.Feld</u>
SKSAOMC   '.S00000000'   nein
             MANDA(1), KTOAA(1), KTNRA(8)

<u>Steuerungsfelder:</u>   <u>Nummernkreise</u> <u>Anzahl Datensätze (etwa)</u>

     KTOAA(1) : S   -> E2   5.300

ANLA   X'01C1F0F1F0F0F0F0F0F0F0F0F0F0F0F0'   <u>krit.Feld</u>
ANLAOMC   '.A0100000000000'   nein
             MANDA(1), KTOAA(1), BUKRS(2), ANLN0(3), ANLN1(8)

<u>Steuerungsfelder:</u>   <u>Nummernkreise</u> <u>Anzahl Datensätze (etwa)</u>

     KTOAA(1) : A   -> C1   57.000

<u>Belegdateien:</u>

<u>Datei</u>   <u>Schlüssel</u>

ABEZ   X'01F0F1F0F0F0F0F0F0F0F0'   <u>krit.Feld</u>
ABEZOAC   '.0100000000'   nein
             MANDT(1), BUKRS(2), BELNR(8)

<u>Steuerungsfelder:</u>   <u>Nummernkreise</u> <u>Anzahl Datensätze (etwa)</u>

     keine   00, 01, 03,   6.000.000
                        10-19, 24, 26-28,
                        30-49, 51-54,
                        57, 58, 60,
                        67-70, 79, 80, 90

Zugriff auf SAP-Dateien über Schlüssel einschließlich
Auflistung der Ausprägungen der einzelnen Steuerungsfelder im jeweiligen Schlüssel - SWH AG

KOEP	X'01F0F1F1F9F9F7D6F0F1F0F0F0F0F0F0F0F0'	krit.Feld
KOEP0AP	'.01199700100000000'	ja

MANDT(1), BUKRS(2), GJAHR(4), SATYP(1), WERKS(2),
KOSTL(8)

Steuerungsfelder:		Nummernkreise	Anzahl Datensätze (etwa)
SATYP(1) : O	-> D6		3.500.000
L	-> D3		

BANF	X'01C2F0F1F0F1F0F0F0F0F0F0F0F0F0F0F0F0F0F0F0F0F0F0F0
	F0F0F0F0F0F0F0F0'
BANF0AP	'.B0101000000000000000000000000000'

MANDA(1), MAFID(1), BUKRS(2), WERKS(2), MATNR(18),
BANFN(8)

Steuerungsfelder:			Nummernkreise		Anzahl Datensätze (etwa)
MAFID(1) : B	-> C2	= Anforder.satz	125.000	krit.Feld
C	-> C3	= Kontierungssatz		nein

-> MAFID als Unterscheidungsmerkmal der Satzstruktur, Anforderungs-
   und Kontierungssatz auf einer hierarchischen Stufe, Länge 500

BEST	X'01C6F0F1F0F0F0F0F0F0F0F0'	krit.Feld
BEST0AC	'.F0100000000'	nein *

MANDT(1), BSTYP(1), BUKRS(2), BSTNR(8)

Steuerungsfelder:		Nummernkreise	Anzahl Datensätze (etwa)
BSTYP(1) : F	-> C6		164.000

AUFK	X'01F0F1F0F1F0F0F0F0F0F0F0F0F0'	krit.Feld
AUFK0AC	'.010100000000'	nein *

MANDT(1), BUKRS(2), WERKS(2), AUFNR(8)

Steuerungsfelder:	Nummernkreise	Anzahl Datensätze (etwa)
keine	00, 11, 80-82,	3.500.000
	85-90, 99,	

Zugriff auf SAP-Dateien über Schlüssel einschließlich
Auflistung der Ausprägungen der einzelnen Steuerungs-
felder im jeweiligen Schlüssel - SWH AG

KONK   X'01C1F0F1F0F0F0F0F0F0F0F0F0'   <u>krit.Feld</u>
KONK0AP   '.A0100000000'   ja
                 MANDT(1), BSTYP(1), BUKRS(2), RAHNR(8)

<u>Steuerungsfelder:</u>   <u>Nummernkreise</u> <u>Anzahl Datensätze (etwa)</u>

   BSTYP(1) : A   -> C1   12, 61-63, 65   155.000
            C   -> C3
            K   -> D2
            L   -> D3

<u>Krit. Feld:</u> Weist ein Steuerungsfeld nur
            eine Ausprägung auf, ist die
            Eingrenzung des Schlüssels
            unproblematisch/unkritisch.
*) kritisch nur über SDAM-Zugriffsmethode
   (keine Eingrenzung einzelner Belege
   möglich !)

Diplomarbeiten Agentur

Die Diplomarbeiten Agentur vermarktet seit 1996 erfolgreich
Wirtschaftsstudien, Diplomarbeiten, Magisterarbeiten, Dissertationen
und andere Studienabschlußarbeiten aller Fachbereiche und Hochschulen.

Seriosität, Professionalität und Exklusivität prägen unsere Leistungen:

- Kostenlose Aufnahme der Arbeiten in unser Lieferprogramm
- Faire Beteiligung an den Verkaufserlösen
- Autorinnen und Autoren können den Verkaufspreis selber festlegen
- Effizientes Marketing über viele Distributionskanäle
- Präsenz im Internet unter **http://www.diplom.de**
- Umfangreiches Angebot von mehreren tausend Arbeiten
- Großer Bekanntheitsgrad durch Fernsehen, Hörfunk und Printmedien

Setzen Sie sich mit uns in Verbindung:

Diplomarbeiten Agentur
Dipl. Kfm. Dipl. Hdl. Björn Bedey —
Dipl. Wi.-Ing. Martin Haschke ——
und Guido Meyer GbR ————

Hermannstal 119 k ————
22119 Hamburg ————

Fon: 040 / 655 99 20 ————
Fax: 040 / 655 99 222 ————

agentur@diplom.de ————
www.diplom.de ————